新課綱上路也不怕！
臺大醫科、哈佛畢業生獨家傳授

高效讀書法
＋
活用筆記術

STUDY
PLAN

曾文哲——著

前言
討魚吃，不如學怎麼釣魚！

　　經常有很多學生上補習班甚至請家教，卻發現成績沒有進步，於是覺得自己聰明才智不如人，再怎麼努力也贏不過別人，最後陷入半放棄的狀態；或許你也曾好奇，為什麼有些人不用補習成績卻很好？為什麼明明數學是同一個老師教，考試成績卻差這麼多？

　　不知道大家有沒有釣魚或釣蝦的經驗？記得我念大學時，球隊曾經舉辦「釣蝦」隊遊活動，我釣了整整 2 個小時卻只釣到 1 隻蝦子，十分心酸。隔壁的學長卻每隔 3 分鐘就有蝦子上鉤。

　　若要探究原因，**運氣當然占了一部分，不過，技巧才是重點！**後來我才知道，釣蝦除了測水池深度，還有調校浮標等各式各樣的小技巧。同樣花 2 小時，有人可以擺出烤蝦拼盤，有人卻只能餓肚子，這就是技巧的差異。同樣道理，兩個人花同樣的時間讀書、寫同樣的參考書、甚至上同間補習班，即使聰明才智

差不多，考出來成績卻可能天差地遠，這就是讀書技巧的差別。

因此，正確的讀書觀念、完整的讀書規畫及落實計畫的毅力，才是中學生致勝的關鍵。

掌握時代變化

從聯考時代到多元入學時代，到 108 年開始上路的新課綱，無論**升學制度和大考出題方向都已經有很大的變化**，因此我們的應考策略也要與時俱進。

以往聯考是一試定終身，實施多元入學後改為繁星入學、個人申請、考試入學三箭齊發，108 課綱則再納入「高中學習歷程」，在校表現也成為關鍵。大考出題方面，**題目趨勢已從考「硬知識」改為考「軟知識」**，題目長度也越來越長、出題範圍越來越廣。

所謂硬知識就是倚靠背誦（文科）、套用公式（理科）等有絕對標準答案的東西，例如「法國大革命發生在西元幾年？」、「克卜勒行星運動定律公式怎麼寫？」考生會就會、不會就不會，出題材料也限制在課程範圍內；「軟知識」則是要統合背景知識加上邏輯判斷，才能順利找出答案。題目核心概念還是在課

程範圍內，但題幹往往融合時事或相關背景，沒那麼容易回答。考生的閱讀能力及資訊統整能力越來越重要，單靠背誦很難拿到高分。

這種改變對中學生是好的，畢竟硬知識以後幾乎很少用得到，考完就忘了。生活及未來職場上碰到的往往是錯綜複雜的「應用題」，因此整合能力、軟知識及跨領域能力才是重點。近幾年職場上最夯的「斜槓思維」、「斜槓青年」就是強調跨領域的專業人才，這已經是未來長期的趨勢。

108 年度的高一學生開始納入「108 課綱」（全名是 12 年國民基本教育課程綱要），將接觸新課本及新課程。以往「9 年一貫」課程只涵蓋國小與國中共 9年，但現在政府推行「12 年國教」，因此連高中課程也要一起整合。

隨著 108 課綱實施，「高中學習歷程」強制納入「個人申請」評分，**未來一進高中就要針對目標校系布局，才能將自己的條件最佳化**。以往有些學生採取「高一、二用力玩、高三全力衝刺」的策略，現在已經不適用。

▌這本書能帶給你什麼

　　本書就是針對剛上路的 108 課綱，提供大家一些應對策略，帶大家認識最新課綱及大考制度，分享一些甄選面試技巧。並且更深入介紹讀書的重點觀念及各科讀書要領，以及如何將各種筆記術應用於中學課業。

　　我的第一本書《不是資優生，一樣考取哈佛》出版後，經常接到家長來信詢問許多問題，本書也特地開一個篇章，談談給家長的建議，希望孩子與家長能成功建立良好互動、一同克服升學難關。

　　每個人適合的讀書方法都不一樣，但有些原則是通用的。 希望大家可以藉由本書多方嘗試，一定能找到對自己有幫助的方法。有些人只差一、兩個觀念就打通任督二脈，突破後成績自此突飛猛進。這種案例其實頗為常見，希望大家不要放棄，堅持到最後的才是贏家！

　　國、高中的階段並不容易，對孩子跟家長來說都是如此。希望大家都能順利克服升學難關，一同邁向光明未來！

contents 目錄

第 3 章

超級筆記術

第 4 章

大學升學考試

第 5 章

給家長的 10 個建議

第 1 章

為何我的成績比別人差？

memo

1-1

天分絕不是關鍵
毅力跟技巧才是

⚓ 天分不是不努力的藉口

　　許多人看到那些成績優秀的學生總覺得：「人家就是比較聰明，我花再多時間讀書也贏不了他！」事實上，這只是幫自己找一個偷懶的藉口。

　　這世界上的確有天才跟資優生，但絕對沒有你想像得多。根據一般的定義，「智優」的人只占總人口的 1%，也就是說，99% 的人都是普通人，而那些過目不忘的「天才」就更少了。

　　事實上，**許多資優班或智優班的學生也不是真的**

資優，因為「智力測驗」的題目是可以透過練習增加分數的。這也是為何心理學界一直防止標準智力測驗的題目（例如魏氏智力測驗）流入坊間，除了版權問題，也會大幅影響施測準確性。

如果學生經過大量練習，那智力測驗測出來的分數其實不準。也就是說，許多資優班學生可能只是假資優，他們不過是先學了一些課外的東西，加上練了智力測驗的題目，天分也不見得特別優異。

國小就讀智優班的學生，由於學過許多課外補充教材，又有針對國中智優測驗準備，因此進入國中智優班的機率遠較普通班學生高，高中智優班亦然，這也是臺灣資優教育的其中一項問題。

國、高中教材並不是設計給少部分資優生讀的，而是設計給普羅大眾的全面性義務教育，即使天分不突出，一樣可以有優異表現！因此，「天分」絕對不是國、高中生書念不好的藉口。

積沙成塔，聚少成多

一開始就建立正確心態是很重要的。**讀書就跟儲蓄一樣，需要慢慢累積，無法一蹴可幾。**

　　假設你從 25 歲進職場開始，每天省下一杯 7-11 咖啡錢，投一個 50 元硬幣到小豬撲滿，每個月就會有 1500 元。如果再把這些錢每年投入一檔平均報酬率 5% 的基金，那麼你到 65 歲退休時就會有 500 萬左右，硬是多出一筆數目可觀的退休金。

　　讀書也是類似的道理，認真念 1、2 天的書好像沒什麼差別，但經過 1、2 個月就會看出效果，到了國三或高三逼近大考時，認真跟不認真的學生的差距就相當巨大，輕易分出勝負。

　　成績的進步必須以「月」或「段考」為單位，當你努力了一段時間成績沒有明顯進步，千萬不要氣餒，改變其實已經在悄悄進行，只要堅持自己的讀書計畫，經過 2、3 個月，一定可以看到成果。

　　如果努力了 3 個月或一學期都沒有進步怎麼辦？這可能就是策略或技巧錯誤，接下來的章節會幫助你改善這部分。

▼ 掌握讀書技巧，事半功倍

　　如果花在讀書的時間是存款，讀書的技巧就像投資的「報酬率」。

假設每年報酬率是 8%，只要 9 年，你的資產就會變成 2 倍（這就是複利的 72 法則！）。即使讀書技巧只有些微差異，日積月累下來的效應卻很可觀，**許多讀書技巧都是靠後天培養，而且訣竅不難掌握**，只要願意學習，讀書效率絕對能提升。掌握足夠技巧，可能只須花別人一半的時間讀書。

如果能在國一、高一就建立好的讀書習慣、掌握讀書技巧，在殘酷的升學競賽就能立於不敗之地。假使已經高二、高三了也不要太擔心，在大考來臨前提升自己的讀書技巧絕對有幫助，有時只差那臨門一腳，就能把你送進心目中的第一志願。

1-2

建立正向回饋
擺脫惡性循環

⚑ 考越爛越不想讀書

我們要避免自己落入所謂「中學生的陷阱」。

大家一定有這種經驗——考差了很難過，回家就更不想翻開書本，於是下次考試就考更爛，形成惡性循環。你不是特例，因為大家都是這樣子。

該怎麼打破這個惡性循環呢？

關鍵是要找出原因。就跟車子故障一樣，不先找出根本原因，車子修 100 年也不會修好。

▼ 找出根本原因

常見考差的原因不外乎 3 個 —— **讀書時間不夠、練習不夠、讀書方式錯誤**。

怎麼知道自己讀書時間夠不夠？很簡單，先跟班上同學做比較。

一般來說，國一、二平均每天應該要「至少」花 1 到 2 小時讀書，國三則是 2 到 3 小時。高一、二平均也是 2 到 3 小時，高三則是 3 到 4 小時，以上指的是平均值，當然段考完需要讀書的時間會比較少，考試前則比較多。

再來看看成績不理想的可能原因，以及有哪些改進方法：

❶ **讀書時間不夠。改進方法**：建立讀書日誌、增加讀書時間、減少補習天數。

❷ **練習量不足。改進方法**：增加參考書與講義練習、確認各題型都有做過。

❸ **讀書方法錯誤。改進方法**：調整讀書計畫與各科準備方式（可參考本書與《不是資優生》一書）。

請注意，以上指的讀書時間包括寫學校作業，但

不包括補習時間。

　　為什麼補習時間不算在讀書時間裡呢？因為學校作業要寫，補習班作業回家也一樣得寫，不是補完習就沒事了。補習班老師會教你一些口訣跟解題技巧，但真正的「練習」是回家後的事。**如果光靠補習，回家卻不讀書、寫題目，成績是不會進步的。**

　　很多人覺得：「我每天花這麼多時間在學校跟補習班，我很認真讀書啊！」這是完全錯誤的觀念。補太多習反而會排擠正常的讀書時間，也容易產生心理上的疲累。所以那些成績頂尖的學生往往補習量不會太多，有些甚至完全沒有補習。

建議每天平均讀書時間

年級	讀書時間
國一	1~2 小時
國二	1~2 小時
國三	2~3 小時
高一	2~3 小時
高二	2~3 小時
高三	3~4 小時

註：以上包括寫學校作業，但不包括補習時間。

　　如果讀書時間夠，那問題可能就出在練習量不夠或方式錯誤。

　　怎樣的練習量算足夠呢？

　　只看課本當然是不夠的！大部分科目都需要參考書或其他教材（例如補習班講義）輔助，尤其是國、英、數、物理、化學等主科，因為這些科目內容既廣又深，須仰賴大量練習。

　　課本講的是「原則」與大部分會考的內容，深度往往不夠，需要靠參考書的整理及大量題目的練習，才能確保自己融會貫通。

　　下頁表格整理出常見的準備方式。現在很多國、高中老師很認真，會自己製作講義，也可取代參考書。若有補習，補習班講義也可取代參考書。想同時念學校老師發的講義、補習班講義、參考書也並非不可，但沒這個必要。花太多時間在某一科，勢必會拖累其他科目，反而適得其反。

📌 **建議每科練習量 / 準備內容**

科目	準備方式	備註
國文	課本＋參考書 1 本	國文作文須另外加強
英文	課本＋參考書 1 本	英文聽力須另外加強
數學	學校習作＋老師講義	若學校教材題目量不多，須另外使用參考書練習
物理	學校習作＋老師講義	
化學	學校習作＋老師講義	
歷史	課本＋參考書 1 本	
地理	課本＋參考書 1 本	
生物	課本＋參考書 1 本	

註：並非每所學校都有理科習作或教師自製講義，若無可用參考書或補習班講義代替。

　　如果讀書時間跟練習量都夠了，但成績還是沒顯著進步，那就可能是技巧問題了。

1-3

小考、段考準備原則

　　想要把段考考好，首先就要把小考考好。小考考很爛卻想在段考拿高分，這是不可能的事！段考會考得如何，基本上看小考成績就知道了。

　　要怎麼考好小考呢？有詳細的讀書計畫是關鍵。

▼ 建立每週讀書計畫與行事曆

　　建立每週讀書計畫有很多好處，當你依循大致固定的行程讀書，讀書的總時間會比較穩定，課業表現也會穩定許多。

　　每所學校跟每個班級基本上都會有自己的例行行程，例如固定星期二早上或星期二英文課時考英文小考、物理固定星期四小考等。因此可以把「前一天晚上」規畫為那科的複習時間，如星期五考數學小考，星期四晚上就複習數學，這是效率最高的準備方式。

　　除此之外，每週的補習時間也是固定的，如星期二晚上補數學、星期四晚上補化學。要補習的那天晚上會比較累，通常回家都不太想讀書，加上可能還有學校作業要寫，很難抽出時間準備隔天的小考。**如果碰到補習，就要把準備小考的時間再提前一天**，如星期五考數學，但星期四晚上要補習，就把星期三晚上規畫為數學複習時間。

　　除了補習，參加才藝班、家庭聚會等占時間的活動都要記在行事曆上，才不會誤判能用來準備小考的時間。

　　要在小考拿到好成績，最重要的就是「考前至少複習一次」，不管是複習課本、參考書、學校講義或補習班講義都好。光憑上課的印象很難在小考拿高分，尤其是理科，沒有足夠練習要拿高分幾乎不可能。

　　即使前一天晚上沒時間複習，小考前趁早自習、

通勤時間或下課時間翻一下也很有幫助，臨陣磨槍，
不亮也光！

每週讀書計畫與行事曆範例

	固定小考	白天	晚上
星期一	國文	學校上課	複習英文
星期二	英文	學校上課	複習物理
星期三	物理	學校上課	複習數學或化學
星期四	化學	學校上課	補習
星期五	數學	學校上課	鋼琴課
星期六	放假玩耍		寫學校作業
星期日	放假玩耍		複習國文

　　有了每週讀書計畫與行事曆，應付小考就輕鬆許
多。只要能成功執行行事曆的計畫，小考成績就不會
太差。

建立段考規畫

接下來則針對段考規畫。

建議段考也要有計畫表，且最好是上次段考完就規畫下一次，內容包括每科用來複習的教材（課本、參考書、學校或補習班講義等）、段考時程，及目標分數。有了段考計畫表，萬一考差了，才能調整下次準備的方式。針對考差的科目調整，下次才能進步。

怎麼知道準備的教材適不適當呢？每個人最適合的方法不同，因此要看每次段考的表現調整。例如這次段考，地理只有看課本，課本看熟了考出來分數還是不理想，下次段考就可考慮再搭配 1 本參考書。參考書裡有整理表格和練習題，下次成績就能進步。

以理科來說，平均每個章節會有 2 到 3 個重要的公式，延伸出來的題型約有 8 到 12 種，不管是參考書或學校、補習班講義，段考前每個題型至少要練習1 次。

段考其實沒有想像中難準備，因為段考題目幾乎都是從學校題庫出。開發新題目很花時間，段考頻率又高，老師很難一直持續開發新題目。

如果段考的題型你連看都沒看過，代表練習量

不夠，建議多搭配一本參考書，或是學校、補習班講義。

　　至於其他有達到目標分數的科目就不須調整，如此一來，經過每次段考不斷調整，整體成績就能慢慢進步。也許這次英文考得不理想，但調整準備方法後，下次就能進步一些。每次段考平均進步 5 分，一個學期就能進步 15 分。

📌 段考每科準備內容範例

科目	準備方式	目標分數
國文	課本＋參考書 1 本	80 分
英文	課本＋參考書 1 本＋每天聽《空中英語教室》半小時	85 分
數學	學校習作＋老師講義	80 分
物理	學校老師講義	75 分
化學	學校老師講義	85 分
歷史	課本＋參考書 1 本	90 分
地理	課本＋參考書 1 本	80 分
生物	課本＋參考書 1 本	80 分

⚓ 讀書效率 Checklist

經過以上規畫，你應該已經對自己的讀書整體戰略有一定掌握度了。**如果讀書時間與練習量都足夠，成績還是不理想，代表讀書效率不佳。**

如果讀書效率不好，花了很多時間但無法完成預期進度，或是完成了進度但並未吸收內容，這樣成績還是沒辦法有明顯進步。

請大家先完成右頁的 checklist，**如果您有 2 個選項以上勾選「常常」或「總是」，代表讀書效率可能不佳，需要改進。**

有人會說邊讀書邊聽音樂是習慣，不會影響專心度。但從生理學與神經學角度來看，人能同時接受與處理的資訊有限，**聽音樂時放在書本上的心思一定會減少**。如果你沒完全在聽音樂，那又何必放音樂呢？因此，邊讀書邊聽音樂是不好的習慣。

另一個大家常忽略的是讀書中間的「休息」。**人能夠持續專注的時間是有限的**，接觸沒有興趣的東西時更是如此。

建議每 30 到 40 分鐘一定要稍事休息，除了保護眼睛，也對提升專注力很有幫助。與其精神渙散地

坐在書桌前 2 小時，不如把這 2 小時分成三段 30 分鐘，中間各穿插 10 分鐘休息，效率一定高很多，不妨試試看。

📌 檢視你的讀書效率 checklist

項目	頻率			
	總是	常常	偶爾	從不
邊讀書邊滑手機				
邊讀書邊聽音樂				
在吵雜環境中讀書（如旁邊有人交談、看電視）				
讀書中間不休息（連續讀 1 小時以上）				
讀一下就會分心				
讀到一半不小心睡著				
邊讀書邊畫畫				

1-4

迎戰 108 新課綱

▼ 108 課綱是什麼？

全名是「12 年國教課程綱要」，之前國中、小的「9 年一貫」課程變成「12 年一貫」，讓學生更有系統的學習。

「108 課綱」將由 108 年入學的高一生開始適用，高二、高三生還是適用原本的「99 課綱」，但要注意大學考招在 108 到 111 年的變革（詳情請參閱第 4 章）。

108 課綱在精神上與之前的高中課綱很不一樣，

它強調「素養」而非「能力」，強調「跨領域學習」及「自我學習」的能力。

這聽起來有點抽象，但實際上非常符合世界潮流。在現今知識爆炸的年代，我們在職場、生活上的技能往往都是離開學校後才開始學習，學校教的知識出了學校就很少用到。有多少人平常生活或工作會用到矩陣、理想氣體方程式呢？大概不多。

而且現代事物變遷很快，學校教的東西可能很快就成為過去式，例如 20 年前的電腦課可能還在使用磁碟片（容量 1.44MB 的那種）、上網用撥接器，現在這兩樣都已經成為古董了。

過去的課綱要培養的是「專精知識的人才」，108 課綱則是要培育「具有終身學習能力及公民素養的人才」。因此，108 課綱大量加入實作、跨領域、多元、差異化、選修、課外活動等概念，課程內容與考招制度都有一些改變。除此之外，新課綱也要培養「公民素養」，因此針對時事及公共議題，例如全球暖化、能源危機、環境保護、空氣污染等有更多著墨，以增加學生往後進入社會參與公共事務的能力。可以想見大考題目的時事題比例會越來越高。

⚑ 學校課程變化

首先，「部定必修」課程學分大幅調降，「選修課程」大幅增加，約達總學分的 1/3。以往高中每週 5 天滿滿的課程都是教育部安排好，學生沒得選擇，但現在為了滿足學生銜接大專院校的需求，教育部與各高中努力開設各領域選修課程，讓學生能根據自己興趣及未來規畫，選擇自己想上的課。**高中的選課方式將越來越有彈性**。

以前我剛進大學、準備選課時，就像劉佬佬進大觀園，對各種必修、選修、通識課程目不暇給，現在高中生將會慢慢習慣這種「自由」的感覺。

而必修課除了「部定必修」，還會有「校定必修」，各校根據「學校願景與特色」開設課程，例如新竹湖口高中就開設「生活英、日文會話」，讓學生用英文與日文幫國際交換學生、日本姊妹校及國外參訪人員導覽校園環境，相當有趣。

此外，108 課綱也設有「彈性學習時間」，依學生個人需求與學校條件，安排學生進行自主學習、選手培訓、充實／補強性教學或學校特色活動等。

大學考招變化

因應 108 課綱上路，大學的考招制度也做出相對應的改變，主要有三大措施：

❶ 學測與指考採計科目減少。

❷ 強制納入高中學習歷程檔案。

❸ 延後個人申請與繁星計畫的申請時程，詳情可參見本書第 4 章。

這些變化裡大家最陌生的，大概是「高中學習歷程檔案」。

108 年入學的高中生開始全面適用「學習歷程資料」，簡單地說，學習歷程是取代現在個人申請入學的備審資料，但內容更全面，且格式更統一。

「學習歷程資料」包含學生基本資料、修課紀錄、自傳、課程學習成果、課外活動表現、大專院校要求之其他資料。其中基本資料與修課紀錄將統一由學校上傳，其他項目則由學生自主上傳，但須經過學校教師認證。

「學習歷程資料」與傳統的「備審資料」在內容上的差別，最主要是多了官方認證的「修課紀錄」。以前高中幾乎都是必修課，大家修的科目都差不多，

只有自然組、社會組的差異，當然沒必要採計修課紀錄。但現在高中開設許多選修課，學生可以針對自己的興趣選課。如果你想申請文學相關科系，選修的課程跟文學較相關，成績又不錯，這就能讓你在面試時加分。相對地，如果你對醫學有興趣，選修課程卻跟醫學、生物完全無關，教授就不免質疑你是否真的對醫學有興趣。

另外，「在校成績」越來越被大學重視。以前只要學測、指考考好，加上課外活動表現優良，就能無往不利。但現在連在校成績都要兼顧，不能偏廢。也就是說，**現在的趨勢傾向看學生長期的努力，而非短期衝刺的成果。**

108 課綱上路後，臺灣的升學制度與歐美大學選才方式將越來越接近，重視長期表現外，也更重視學生的整體素養、跨領域能力、人格特質及自我學習的能力。

隨著指考名額不斷縮減，未來勢必越來越多學生要經過甄選的方式入學，因此除了準備大考，要多花一些心思在「高中學習歷程檔案」與「大學校系自辦甄試」上。

高中學習歷程檔案

項目	內容	備註
基本資料	學生基本資料（如年齡、性別等）	由學校統一上傳教育部檔案庫
修課紀錄	在學校修過的課程內容、課程學分數、修課成績等	
自傳	可包括自傳、自我陳述（SOP）、學習計畫等	
課程學習成果	例如美術作品、學習報告、小論文等等跟課程相關之成果	大學科系採計上限為 3 份成果
多元表現	參加之校內外活動、擔任班級或社團幹部、志工服務、各種比賽之成果等	大學科系採計上限為 10 項
其他資料	依大學各科系要求而定	

　　除此之外，大考題目也將越來越多「情境題」與「跨領域題」，以確保學生能夠將課本上的知識運用於日常生活，這是現代公民重要的素養，也是 108 新課綱的精神。

　　而「情境」呈現的方式也將越來越多元，不再限於引經據典或對話情境。以下是國家教育研究院提供的「素養導向紙筆測驗範例」其中一題例題：

下圖是王小明臉書的畫面，請根據下方的留言，你認為哪一個人最有可能是糖業老闆？

① 陸仁甲
② 洪麻乙
③ 胡交丙
④ 羅波丁

　　這是國文科例題，主要是考驗學生閱讀整合能力。以「臉書貼文」當作情境，如何？跟生活夠貼近吧！題目的主題為「食安」，因此還牽涉生物科、公民與社會科的範圍，符合跨領域精神。

　　由於「洪麻乙」在留言中說「幫助我們洗刷冤

屆」，因此他最有可能是糖業老闆，**答案是（2）**。看完這題大家應該可以理解「情境結合」以及「跨領域」將會是未來出題的趨勢。

完整題本可在「國家教育研究院」網站下載：www. naer.edu.tw/files/11-1000-1591-1.php?Lang=zh-tw

▼ 新課綱的對策

每次新課綱實施時總是引起一陣混亂，例如當初中小學實施「9 年一貫」課程引起家長恐慌，或是100 學年度（只舉辦過 1 屆）的「北北基聯測」造成考生高分低就、錄取分數大降的慘況。

因此，我們必須先了解新課綱可能產生的影響，並擬定一些對策。以下是給考生的建議：

❶ 維持穩定校內成績

由於「高中學習歷程檔案」強制納入評比，加上原本就施行的繁星計畫，「校內學業表現」對升學影響越來越大。**新課綱上路後，等於進高中的第一天，升學競賽就已經開始。**

但也不需太擔心，不用每次小考或報告都拿第 1

名，只要維持穩定的學業表現即可。重要的是不能偏廢某些科目，即使是才藝學科（如美術、家政、生活科技、體育）也要保持一定的表現。

有些明星高中的學生智育接近滿分，美術、體育卻擺爛被當掉，以前是沒什麼關係，但改成高中學習歷程檔案後，這種表現就可能被審查教授質疑。

除此之外，高中學習歷程檔案還要上傳「課程學習成果」，**才藝學科若有優異作品，可以替自己的履歷加分**，不要錯過這個機會。

❷ 儘早探索興趣

雖然在國、高中時期，可能還不知道未來想從事什麼職業、或念什麼科系，但至少會有一些「傾向」，例如比較喜歡文科、理科，或打球、跳舞、集郵、畫畫等不同嗜好。

108課綱上路後多了選修課程，選擇自己有興趣的課程不僅比較開心，同時也是為大學鋪路。選修與目標科系相關領域課程有很多好處，除了上課較有興趣，也能證明自己對這個領域的長期興趣，同時增加相關知識，減少銜接大學的困難。

大學教授越來越在意學生申請的動機，**學生若**

是對某一領域長期表現出興趣，不僅上大學後表現較佳，未來也較有可能成為該領域的佼佼者。因此大學希望錄取對該領域真有興趣、非臨時起意的學生。

　　我就有朋友發現自己對語言（英文、西班牙文）很有興趣，且頗有天分，就決定以外文系為升學目標。他參加許多文學活動，在學校盡量選修語文課程，又得過一些語文競賽獎項，備審條件很好，即使學測成績沒有很高，最後還是順利錄取自己理想的第一志願。

　　如果真的不知道自己興趣在哪，或選擇選修課時有困難，可諮詢各學校的「課程諮詢教師」或輔導老師。通常輔導室會提供生涯輔導、興趣性向測驗與解釋等，並定期舉辦職涯講座、認識大學校系講座，這些對尋找自己的興趣會很有幫助喔。

❸ 重視課外活動

　　108 課綱實施後，大學對高中生課外活動參與的重視可說有增無減。因此，從國一或高一開始，應該多參加課外活動或競賽，例如科學營、文學營、各種才藝比賽或講座也好，都能夠豐富經歷。大部分活動都辦得不錯，可以從中學到很多東西。

　　如果假日有空，**建議多參加相關活動，不但可拓展生活圈，也有助於發掘自己的興趣**，同時豐富課外活動經歷。此外很鼓勵大家當志工，除了多幫助別人，也能為甄選條件加分。如同前面所提，108課綱要培養具有人文素養、關懷社會的人才，而非與世隔絕的考試機器。

　　如果去看歐美名校的錄取生，幾乎每個人都有豐富的志工經驗。雖然這有點流於刻意，但做志工不管對自己或社會都是一件好事，鼓勵大家還是要有相關經驗。

④ 加強閱讀能力

　　以往聯考時代題目往往只有1、2行，進入多元入學時代後，題目已經大幅增長，108課綱強調學生的「整合能力」而非「背誦」，可預期將來大考題目一定會越來越長。

　　未來的**趨勢**包括增加題組、閱讀題、實作題的比例，或利用一些實例、故事來包裝要考的東西，題目長度一定會再增加，同時也考驗閱讀理解能力，如同剛剛的例題一樣。**如果閱讀能力不好，不僅會拖慢答題速度，也較難抓到題目重點，考試非常吃虧**。

　　要避免這點，平時應該要廣泛閱讀，不管是紙本、手機、平板都好。事實上，人類吸收知識主要就是靠閱讀（視覺），課堂上看黑板、寫筆記本身也是一種「閱讀」。培養優異的閱讀速度，不僅考試時有優勢，在職場上、日常生活都可以增加學習跟工作的效率，終生受用。

　　要增加閱讀速度並不困難。不一定要看文學經典，課外書一樣有效果。也不一定要看紙本書，電子書也可以。至於玩電動遊戲、看動漫等以「圖像刺激」為主的活動，對閱讀速度就沒有太大幫助。

　　因此，假日有空時鼓勵大家去書店逛逛，挑一些自己喜歡的書籍回家看，久而久之，閱讀速度就會越來越快。

❺ 重視實驗課

　　新課綱強調實作、應用，勢必會更重視實驗課。以往實驗課占大考比例很低，因為國、高中實驗課數量有限，內容考來考去就那些，出題空間有限。

　　但現在大考出題委員越來越用心，他們會用相同的「核心概念」設計出另一套實驗。大考題目看起來會是完全沒做過的實驗，但實際上是考同樣的觀念。

以指考來說，除了最後一部分的實驗題，這類題目還可能以選擇題的形式出現在前面，因此實驗題實際上占的比例絕對會更高。

要對付這種題目，必須夠了解實驗課的內容，平時上實驗課一定要按照課本步驟親自操作一遍。動手做的印象會比讀書來得深刻，有時候根本已經忘記書中的內容或步驟，但做實驗時的場景、氣味、顏色卻還深深烙印在腦海中，這時寫題目就會有優勢。

以「108年指考」生物科實驗題第二題（選擇題第45題）為例：

45. 當利用光學顯微鏡觀察未經染色的動物細胞時，下列操作方式與觀察結論何者正確？

（A）將採樣的動物細胞直接塗抹在玻片，以風乾固定方式保持細胞型態

（B）用滅過菌的清水覆蓋採樣細胞，保持細胞的含水量

（C）任何細胞都可以觀察到細胞核

（D）即使利用高倍物鏡，仍無法觀察到核糖體

這是很典型的實驗題，考的是很基本的「細胞觀

察」實驗。如果你有認真操作過一遍，這些選項應該
都不難回答。

　　不管用低倍還是高倍物鏡，都無法觀察到核糖
體。如果看得到，你應該腦海中會有一些印象（事
實上，核糖體要用電子顯微鏡才看得到），因此**答案
是（D）。**

❻「理解」知識，而非死記內容

　　新課綱強調整合能力，將知識運用於生活中，因
此必須理解課程內容才有辦法靈活運用，單靠硬背很
難應付變換過的題目。

　　**如果課本內容看過去不知道什麼意思，或老師講
解時聽不懂，就代表自己還沒掌握內容。**

　　這時，多看多問就對了，當下無法理解的內容要
把它弄懂，才有辦法將其運用於情境中，有時同學或
老師換個說法，就會有「恍然大悟」的感覺。如果心
中有疑惑卻沒發問，就只能靠「硬背」吸收，這樣一
旦時間久遠就容易忘記，也可能無法應付大考靈活的
題目。

📌 108 新課綱可能造成的影響及對策整理

影響	主要內容	對策
學校課程	1.「部定必修」課程學分調降。 2.「選修」課程學分增加。 3. 課程彈性增加（如自主學習時間）。 4. 重視實驗課、實作課程。	1. 維持穩定校內成績。 2. 儘早探索興趣。 3. 重視課外活動。 4. 加強閱讀能力。 5. 重視實驗課。 6.「理解」知識，而非死記內容。
大學考招	1. 學測與指考採計科目減少。 2. 強制納入「高中學習歷程檔案」。 3. 延後個人申請與繁星計畫的申請時程。 4. 增加「情境題」與「跨領域題」，考驗閱讀能力與知識整合能力。	

第 2 章

各科讀書要領

memo

2-1

國文

⩊ 掌握形音義，就有基本分

　　不知道大家有沒有發現，不管是小考、段考或學測、指考，國文題型分布都差不多固定。以大考來說，一開始是字形、字音、字義，接著是各篇課文宗旨與文意、課外文章分析、各時代文體比較（例如唐詩、宋詞、元曲），最後閱讀測驗與題組等。

　　「形、音、義」是國文科的基本功，內容幾乎囊括在課本裡，理論上這部分的分數應該要全拿。

　　在準備大考時，「字義」部分要多注意跨冊的比

較，因為平時小考、段考範圍有限，但學測、指考就沒有這種限制。目前市面上的參考書都有跨冊比較字義的部分，建議要多留意。

加強閱讀測驗

大考國文科題型變化趨勢很明顯，「閱讀測驗」與「題組」比例越來越高，這趨勢短期內不會改變。新課綱後，閱讀測驗占比只會越來越高，而且題型越來越多變。因為現代教育潮流對學生的要求是融會貫通、舉一反三、靈活運用，而非死記標準答案。

閱讀測驗與題組考驗學生閱讀、理解能力，及將課堂所學應用於新材料的能力，因此容易受出題教授青睞。以 108 年學測來說，光「閱讀測驗與題組」就高達 52 分，占比已經超過一半。

若跟古早聯考時代比較，國文科的題目總長度已經增加超過一倍，光「閱讀題目」就耗掉很多時間，甚至常常看完題目還抓不出重點。

以下舉例 108 年學測國文科選擇題第 11 ～ 12 題：

「2018 年 9 月 5 日，第 278986 號小行星正式以「陳樹菊」之名在天空閃耀。 小行星是沿橢圓軌道繞太陽運行的小天體，大小、形狀不一。一顆小行星被發現且確認後，會獲得一個臨時編號：發現年份加上英文字母。當小行星的運行軌道參數被精確測定後，便會獲得正式命名：永久編號加上名字。永久編號，是以小行星發現的順序編號，至於名字，小行星是目前唯一可由發現者命名並得到世界公認的天體。發現者擁有命名權，但須經「國際天文學聯合會」核准。直到中央大學設立「鹿林天文臺」，臺灣才在 2002 年首度觀測到新的小行星。2007 年，第 145523 號與 145534 號小行星分別命名為「鹿林」、「中大」，成為首度由臺灣發現並命名的小行星。目前鹿林天文臺已發現 800 多顆、正式命名 90 多顆小行星，如：吳大猷（2008 年）、鄒族（2009 年）、雲門（2010 年）。 中央大學天文觀測員蕭翔耀為傳遞臺灣美善的人文價值，特別將他在 2008 年 10 月發現的小行星命名為 Chenshuchu（陳樹菊姓名英譯），以表彰陳樹菊的善行義舉。從此，最美的人心將照亮世界。（改寫自中大新聞 2018 年 9 月 6 日）」

11. 依據上文，不符合「陳樹菊」小行星的敘述是：

（A）由蕭翔耀於「鹿林天文臺」觀測發現

（B）發現到正式核可命名，歷時大約 10 年

（C）永久編號為 278986，名字是 Chenshuchu

（D）臺灣首顆以人名命名並經核可的小行星

12. 依據上文，關於小行星命名的敘述，最適當的是：

（Ａ）在獲得正式命名前，會有一個以發現順序編碼
　　　的臨時編號

（Ｂ）運行軌道確認後，可獲得發現年份加英文字母
　　　的永久編號

（Ｃ）發現者如欲命名須經核准，且限用該國特殊貢
　　　獻人士之名

（Ｄ）145523 號小行星由臺灣發現，2007 年正式命
　　　名為「鹿林」

　　這是國文科考題，可不是地理或地球科學喔！這
麼長的題幹在國文科是常態，由此可見，現在大考題
目已經從單純考專業知識變成統整資訊，閱讀能力將
決定勝敗，單純背誦課本內容已經無法拿高分。

　　除了多閱讀課外書，現在市面上有許多加強閱讀
測驗的書籍，大家也可買 1、2 本練習，對於應付這
種題目會有一些幫助。

掌握韻文的時代特色

　　國文領域大致可分為古文、現代文、國文作文三

大部分，其中古文占最大比例。

　　每個朝代的古文都有其特色，因為文化跟政治、社會變遷往往有強烈相關。而古文又分「非韻文」（如散文）與「韻文」，後者如耳熟能詳的古體詩、唐詩、宋詞、元曲等（韻文之祖是《詩經》）。

　　由於「韻文」較有創作規則，因此容易出現在考題中。如果能夠掌握每個朝代的韻文特色，再加上收納在課文中的散文，就能打通國文的任督二脈。加上剛剛提到的「形、音、義」及「閱讀測驗」，國文科的分數就不會太難看。

文體整理

文體	句數	字數	押韻	對仗	轉韻	代表人物或作品
古體詩	無限制	五言、七言居多	偶數句押韻	無限制	可轉韻	建安七子、古詩十九首
唐詩（絕句）	4句	分五言與七言	1. 二、四句押韻 2. 第三句不押韻 3. 第一句可押可不押	無限制	不可轉韻	浪漫詩派：李白 社會詩派：杜甫、白居易 自然詩派：王維、孟浩然

文體	句數	字數	押韻	對仗	轉韻	代表人物或作品
唐詩（律詩）	8句		1. 偶數句押韻 2. 第一句可押可不押	頷聯（3,4句）、頸聯（5,6句）對偶		邊塞詩派：王昌齡、王之渙 怪誕詩派：韓愈、賈島
宋詞	依詞牌規定				可轉韻	豪放派：蘇軾、辛棄疾 婉約派：柳永、李清照 格律派：周邦彥
元曲	依曲牌規定				不可轉韻	元曲四大家（代表作）：關漢卿《竇娥冤》 白樸《梧桐雨》 馬致遠《漢宮秋》 鄭光祖《倩女離魂》
現代詩		無限制				余光中、紀弦、鄭愁予、楊喚、洛夫、瘂弦等

提早準備國文作文

國文作文跟選擇題不同，後者可以短期內加強，但前者無法。國文作文仰賴長期的累積才能進步，因此要趁早準備。

首先，要多看課外書，這裡是指文學方面的課外書。散文部分，如果覺得簡媜、余秋雨、林文月等作家的文章太艱澀難懂，提不起興致的話，可以考慮看余光中、魯迅、白先勇等人的文章，他們作品較淺顯易懂，是課外讀物入門的好選擇。

寫作文就跟煮飯一樣，巧婦難為無米之炊，即使學了很多修辭法，腦海中一點材料都沒有，還是寫不出文章。當讀的文章夠多，很多句子會在腦海中潛移默化，再加上適當的修辭與編排，就能寫出一篇優美的文章。

此外，文學小說也是不錯的選擇。一些經典世界名著，如《三國演義》、《西遊記》、《紅樓夢》、《基度山恩仇記》、《簡愛》、《唐吉訶德》、《戰爭與和平》等，都是經典中的經典。讀這些世界名著不僅可增加閱讀量，作品本身的文學技巧與情節安排也往往令人讚嘆，是課外讀物的好選擇。

　　建議在**國一、國二或高一、高二時充實閱讀量，累積寫作材料。等國三、高三逼近大考時，則是增加實戰經驗**，找不同的題目練習，兩相搭配下，國文作文就不會有太大問題。

⬇ 同一句子，不同層次

　　要寫出優美的句子無法一蹴而就，但可以透過練習慢慢進步。在撰寫作文及閱讀他人文章時，要想想如何把同一個句子用更「優美」的方式表達。這在撰寫敘事文或抒情文時極為重要，**即使是描寫同一件事情，不同寫法往往會製造出完全不同的效果。**

　　例如作家鍾怡雯在〈芝麻開門〉這篇散文描述她回家搭電梯時，鑰匙不小心掉落電梯縫隙的囧事。其中一段是這樣寫的：*「那麼大串的金屬落入奇怪的空間裡，彷彿一場事先計算過的預謀。意外的不只是我，一群等電梯的人同時目睹了鑰匙逃逸的經過──就在電梯門打開，我和上弓的食指，以及掛在食指上的鑰匙同時準備跨出剎那，它輕易從食指滑下，縱身躍入黑暗的窄縫。」*

　　看完這段敘述，鑰匙掉落的場景栩栩如生，眾人

的錯愕也表露無遺，我們彷彿就站在作者旁邊目睹整場意外。

想一想，如果今天換成你是作者，會怎麼描述鑰匙掉落的過程呢？

應該有很多種寫法，最簡單的寫法是：「我跨出電梯時，鑰匙不小心掉落在樓層與電梯間的縫隙，我覺得很意外。」這是大部分人會採用的說法，但這樣寫不僅平淡無奇，而且篇幅極短，一句話就沒了。要將這件事當作主題寫一篇 800 字的文章，非常困難。

如果我們加上一點「擬人法」呢？**「*電梯門打開，就在我跨出門口的那一刹那，掛在我食指上的鑰匙迅速從指頭溜下，縱身躍入黑暗的窄縫*」**，只要簡單修飾一下，文章閱讀起來就生動許多。

寫作文時應該賦予文字更多活力，才能提高它的藝術層次。常用的方法有「譬喻法」、「擬人法」及「誇飾法」。剛剛那段鍾怡雯的文字大量運用這三種修辭，文字就變得生動許多。然而，這仰賴豐富的想像力以及駕馭文字的能力，絕非一蹴可幾。**平常在閱讀文章時，就應該多留意作者如何賦予文字生命。**

另一種練習方式是與朋友聊天時，試著思考如何把一件事描述得更生動，而非單純只有「主詞」＋

「動詞」＋「受詞」。久而久之，會發現自己寫作文時更文思泉湧，講話也變得更幽默風趣。

　　當然也不需要將文章的每句話都做修飾，這樣會流於浮誇。但對於一些關鍵事件或場景，不該只平鋪直敘，這樣使文章平淡無奇、失去張力。就如同看一部電影，如果從頭到尾故事節奏、拍攝角度、說話語調都一樣，缺乏高潮迭起的劇情，觀眾一定會昏昏欲睡。

2-2

英文

⚜ 善用數位學習工具

現在是數位化時代，要善用新的學習工具。以前念英文大概只能讀課本、參考書，但現在的趨勢是只要手邊有 3C 產品（手機、平板、智慧型手錶、筆電），隨時隨地都能學英文。以下是我很推薦的數位學習工具：

❶ 網站：如 Voicetube、TED talk。

　　Voicetube：強調看影片學英文，上面有許多電

影片段、短片、音樂等,且附有字幕、慢速播放和難度分級功能,可以用最有趣的方式加強英文,我認為滿適合用來加強聽力,學習日常生活對話。

TED talk:大家應該耳熟能詳,光網站上就有超過 3 千場世界各地專業人士的演講,除了加強英文聽力,也能增廣見聞,吸收新知識,非常值得一聽。

❷ Youtube 平臺:上面有非常多 youtuber 分享學習英文的技巧,像是阿滴英文、不要鬧工作室、Rachel's English 等,都很受歡迎。

❸ Podcast:有點像數位化的廣播電臺,可以透過 iTunes 或其他方式訂閱英文相關頻道,優點是可以隨選隨播,也可調整播放速度。我在美國留學時就喜歡邊煮飯邊用耳機聽 Podcast,把握每一個學習英文的機會。

❹ APP:APP store 或 Google Play 上有很多幫助英文學習的 APP,裡頭有數位單字卡、影音串流、隨堂測驗、教學影片等,甚至可以記錄個人學習歷程,而且大多數是免費的!

📌 **數位學習工具整理**

學習工具	範例	特色
網站	Voicetube、TED talk	內容豐富、增廣見聞
Youtube	阿滴英文、不要鬧工作室、Rachel's English	網紅教學方式活潑有趣、各有所長
Podcast	CNN10、VOA Learning English	下載後可隨時隨地聽
APP	超級單字王、英語學堂、聽新聞學英文	互動性高、可記錄個人學習歷程

🖊 學習正確發音

　　學英文一件常被大家忽略的就是「發音」。學一個新的單字時，如果一開始沒有掌握正確的發音，時間越久就越難改回來。

　　英語不是我們的母語，因此沒辦法靠經驗法則，自然而然地學會單字怎麼念，更別提有些單字即使是母語人士也會念錯。我在美國留學或出國參加國際會議時，發現非英語母語的學者常常念錯一些單字，或重音放錯音節，但大家也不好意思當場糾正，於是現場氣氛就略顯尷尬。

　　提醒大家學習新單字時，一定要先看一遍音標

（KK 音標或萬國音標都可），才知道怎麼正確發音。如果光靠自己亂念一通，大概會有一半單字念錯或重音放錯音節，長久累積下來，英文發音會越來越不標準，很難挽救。

看影集卡通學英文

聽力與口說是上英文課、讀英文參考書、講義或上補習班比較難練習到的項目，而英文聽力測驗已經被許多大學採計，列為入學基本門檻之一，因此英文聽力必須好好加強。

英聽與作文一樣，無法在短時間內惡補，須靠長時間累積才能顯著進步。平常大家喜歡在電視或 Netflix 等串流平臺欣賞歐美電影、連續劇、卡通，這其實都是學英文的好機會。

有些影片下面會有英文字幕，這相當重要，有字幕的好處是聽不懂時可對照，久而久之就比較能辨認出一些句子。同樣的句子可能第一遍聽不出來，但第二遍、第三遍就聽出來了，下次再聽到同樣句子就難不倒，英聽就是這樣慢慢進步的。

特別推薦把之前看過、但想再看一遍的影片找出

來，好處是不用全神貫注在劇情（因為已經知道劇情發展），可以分出注意力在英聽上，聽不懂再對照英文字幕，效果尤佳。

看影集卡通學英文的另一個好處是裡面的句子較貼近日常生活。教科書的句子比較文謅謅，很多俚語跟慣用語不會出現，到國外時才會發現外國人通常不會那樣說話，這種學習方式，對口語的幫助更大。

英文作文要領

英文作文是大家比較陌生的領域，畢竟平常連英文都很少說了，何況用英文寫作文。看到每年大考英文作文零分的人很多，覺得相當可惜。英文作文並沒有那麼難，只要寫一些基本句子，分數就不會太難看，千萬不要對英文作文有恐懼感。

寫英文作文重點：

❶ 主題清楚：**每一句話都要以清楚表達為原則，不要刻意賣弄文法或艱澀的單字。**一句話不能同時有兩種以上的意思，這樣會讓閱卷老師搞不清楚。

❷ **架構完整**：若是論說文類型題目，從頭到尾的立場要一致。不能上一段寫「科技能幫助人類解決環保問題」，下一段又說「科技無助於解決環保問題」，這樣就缺乏說服力；如果想採取中立的立場或「報導式文體」，記得正、反方立場都要呈現，不能偏頗某一方。

另一種常見作文題型是「看圖說故事」，這類題型雖然較簡單，也較無標準答案，但要注意邏輯性，前後敘述不能矛盾。練習的時候不能忽視此題型。

與國文作文不同的是，英文作文考的是基本單字與句子組織能力，跟個人的文采沒什麼關係。**相較國文作文，英文作文比較容易在短時間內明顯進步。**

因此，大考前英文作文的練習非常重要，可以讓你在短時間內拉起作文成績，建議學測或指考前至少要找 10 個題目寫寫看，並請老師或英語程度好的人幫忙批改，可以找過去學測的考古題練習。

英文作文常見題型整理

類型	舉例說明	寫作重點
敘述文	根據圖片場景（例如地震倒塌的房屋），描述整個事件發生的前因後果。	掌握關鍵單字（如地震 earthquake），將內容區分為「之前」、「現在」、「將來」描寫，較有條理。
論說文	你認為家裡生活環境的維持是誰的責任？	這類題目通常附有指示，例如第一段要寫○○，第二段寫╳╳。遵從題目指示，理由清晰、立場明確即可。
生活情境題	放 2 本書的圖片，問你會選哪本書看，理由為何？	類似論說文，理由要清晰、合乎邏輯，沒有絕對對錯。
看圖說故事	觀察前 3 幅圖片的內容，想像第 4 幅圖片可能的發展。	類似敘述文，內容可發揮創意，只要合理即可。記得要把前 3 幅圖片串成一個完整的故事，不能只描述第 4 幅圖片。

2-3

數學

▼ 解題三步驟

　　數學題目看似複雜，但其實解題步驟很固定：**彙整題目資訊 → 找出核心公式與概念 → 計算出答案**。

　　大考題目越來越長，每一題都像閱讀測驗一樣，資訊相當複雜。千萬不要看到很長的數學題目就被嚇傻，其實只要把「有用的資訊」擷取出來就好。

　　首先，判斷這題屬於什麼**範圍**，例如矩陣、方程式、等比數列等。心裡有個底後，接下來重點是判斷「這題是考什麼**概念**」。

例如「108 年學測」數學科選填題第 4 題：

> 「某次選舉中進行甲、乙、丙三項公投案，每項公投案一張選票，投票人可選擇領或不領。投票結束後清點某投票所的選票，發現甲案有 765 人領票、乙案有 537 人領票、丙案有 648 人領票，同時領甲、乙、丙三案公投票的有 224 人，並且每個人都至少領了兩張公投票。根據以上資訊，可知同時領甲、乙兩案但沒有領丙案公投票者共有多少人？」

　　這題剛好搭上 2018 年底公投的熱潮，與時事結合也是目前大考的趨勢。看完題目大家可能霧煞煞，覺得投票跟數學有什麼關係？

　　但定下心來看，其實就是在考高一課程「聯集與交集」中的「文氏圖」：

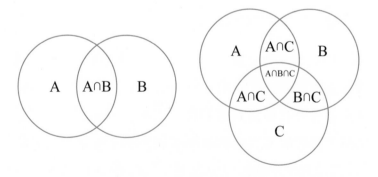

　　一般來說，在段考看到的敘述會是：「小美班上有 45 人，國文不及格有 13 人，英文不及格者有 15 人，數學不及格者有 18 人，至少被當兩科者有 9 人，請問有多少人只有國文不及格？」。

　　段考題的概念與學測題類似，但這題有「三種」公投案，因此適用左頁下方那張文氏圖的「右半部」。這題的小小變化是「每個人都至少領了兩張公投票」，因此「A、B、C 區」是空白的，只要留中間那四塊交集區域就好。把題目提供的數字填進去，答案就唾手可得。

　　學測、指考題目會將段考題重新包裝後，用更靈活的方式呈現，但核心概念不變。只要把外層的包裝拆開，你會發現裡面是一樣的東西。

掌握公式，打通任督二脈

　　數學科題目每題占分都很重，考試壓力相當沉重。其實數學比起國文、英文等文科還是有好處，那就是它的考試範圍非常明確，不像國、英文一樣浩瀚無涯，跟每個人的文學造詣及閱讀量有關。

　　而數學拿高分的關鍵就是「搞定公式」。

數學科每個小章節大概有 1 到 3 個公式，每章大約十來個，整個高中範圍大約 100 個（指數學甲範圍，社會組數學乙大概只有一半），其實考來考去就這些東西，只是題目包裝不同罷了。

所謂搞定公式，不是把它硬背起來，而是理解它是怎麼來的。數學公式都是數學家根據一些通則推導出來，其來有自，而非憑空想像。建議大家**每個公式都要仔細研究它的「推導過程」，並且親自推導一遍**，才能了解核心概念，也不容易背錯。

例如著名的完全立方差公式——

$$(a-b)^3 = a^3 - 3a^2b + 3ab^2 - b^3$$

我每次都搞混到底是「$-3a^2b+3ab^2$」還是「$-3ab^2+3a^2b$」，但自己推導過一遍後，就了解這只是簡單的「因式分解」而已：

$$(a-b)^3$$
$$= (a-b)(a-b)(a-b)$$
$$= a(a-b)(a-b) - b(a-b)(a-b)$$
$$= (a^2-ab)(a-b) - (ab+b^2)(a-b)$$
$$= a(a^2-ab) - b(a^2-ab) - a(ab-b^2) + b(ab-b^2)$$
$$= a^3 - a^2b - a^2b + ab^2 - a^2b + ab^2 + ab^2 - b^3$$
$$= a^3 - 3a^2b + 3ab^2 - b^3$$

如此一來，除了了解這個公式的由來，考試時就算忘記了也可以自己簡單推導一遍，不需要擔心背錯公式。

現在大考題目都很活潑，甚至一題裡會用到不同的公式，唯有理解每個公式的精神，寫大考題目才有辦法判斷要用哪些公式。知道題目在考哪些概念，才有辦法解題。

重點在過程，不是答案

這個概念很重要，很多人平時因為有些練習題會重複（例如參考書跟補習班講義出現一樣的題目），所以能直接「背」答案或解題步驟，沒有認真去了解每一步驟的原理。

因此，不管算的答案對不對，都應該仔細看詳解，因為計算過程才是數學的重點，過程正確，才代表真的懂這題。以指考數學科的非選題來說，如果過程正確但因計算錯誤而算錯，還是有機會拿到一半以上的分數。答案正確、但過程過於省略，反而可能被扣分。

尤其大考題目不可能跟段考或模擬考重複，若不

了解題目背後的概念，只要題目稍作變化就容易被難倒。

▼ 95% 信賴區間的迷思

高中「機率與統計」章節雖然不若函數或微積分艱深，考試占分也不重，但有一些概念高中生常搞不清楚，連高中數學老師往往也一知半解。而且這與日常生活息息相關，畢業後反而較有機會用到，算是較實用的章節，值得提出來與大家分享。

第一個疑問是 —— 為何是「95% 信賴區間」，而不是 90% 或 99% 呢？這跟統計學家長久以來的共識有關。

統計學中有一個東西叫作「p 值」，念生物醫藥或數學的同學往後會常常看到這個東西。從 1920 年代被提出後，已存在快 100 年了，廣為科學界所使用。

「p 值」的意思是「在一個 model 中，我們得到比觀察值還要極端的機率」。舉個例子，今天我們要比較兩種血壓藥哪個效果比較好，已知 A 血壓藥平均可以降 15 毫米汞柱的血壓，如果 B 藥測出來可以降 15.1 毫米汞柱，我們可以下結論說「B 藥效果比 A 藥

好」嗎？

一般民眾會說可以，因為「15.1 > 15」，明眼人都看得出來。**但學過高中「機率與統計」後，你應該要回答「不一定」。**

因為若再多測 10 個人吃 B 藥的血壓，得到的數字可能變成 14.9，這樣反而輸給 A 藥！畢竟 15.1 跟 14.9 很接近，這種事情是很有可能發生的。

因此，要配合其他參數算出「p 值」，也就是今天假設「A 藥效果跟 B 藥一樣」，我們得到比 15.1「更極端的數值」的機率。

如果這機率很低，代表我們得到「15.1」這個結果並非巧合，而是因為「B 藥真的比 A 藥好」。

如果機率很高，代表可能只是樣本數不夠多，再找 20 個人參加實驗，15.1 可能會變成更小的數字，也就是 B 藥效果並沒有比 A 藥好。

一般設的門檻是 0.05，也就是「假設 A 藥效果跟 B 藥一樣，我們得到比 15.1 更高數字的機率是 5%」。如果 $p < 0.05$，就可下結論：B 藥效果與 A 藥確實存在顯著差異。

而 1-0.05 = 0.95 = 95%，這也就是「95% 信賴區間」的由來。

　　近來有學者開始檢討 p 值設在 0.05 是否恰當，因為當中有濃厚的人為因素，有人主張應該要設在 0.01，或乾脆廢除 p 值、改用其他參考數據。但無論如何，「95% 信賴區間」依然是現代科學研究及生活中很重要的工具，甚至連選舉民調都會用到它。

2-4

物理

⚓ 牛頓三大定律是關鍵

　　高中物理一開始就會碰到「三大牛頓運動定律」，也就是「力學」。「力學」是物理學發展的基礎，而「牛頓三大運動定律」則是「高中力學」的核心，因此，牛頓運動定律在物理科題目向來占很重的份量，若牛頓三大運動定律沒學好，高中物理科就不可能拿高分。

　　牛頓定律概念看起來簡單，影響卻很深遠。物理學發展的根源來自人們好奇「物體的運動」，許多科

學家嘗試解釋物體運動的原因，其中提出最完整論述的是牛頓，牛頓運動定律的重要性不只在描述物體的運動，更重要的是「預測」物體未來移動的方向。

在亞里斯多德的年代，人們相信物體能維持運動狀態是因為「力」的作用，一但停止施力，物體就會停止。然而到了伽利略的時代，聰明的伽利略發現，物體運動不見得需要外力持續作用。

平面上的物體之所以停下來，是因為有反方向的「摩擦力」。因此，**力的作用並不是讓物體「維持」運動狀態，而是「改變」物體的運動狀態。**這三大定律彼此間並不是獨立的，而是互有關連。

牛頓第一運動定律是整個牛頓力學的基礎，接下來，牛頓想到一個問題——既然物體受外力為 0 時會維持原本運動狀態，那麼當物體受到合力不等於 0 時，運動狀態會怎麼改變呢？

牛頓第二運動定律就是將這種情形加以量化，它告訴我們物體受力產生的加速度會與合力成正比（且方向相同），此比例常數就會物體的「質量」，亦即用質量來量化物體的「慣性」大小。

除了作用力與加速度的關係，牛頓也注意到力是一種「交互」作用，因此**必定同時發生在參與交互作**

用的兩個物體上，不會只有一個物體唱獨角戲，有一作用力必有反作用力。第三運動定律幫助我們更完整地描述物體間的交互作用。

🖊 牛頓三大運動定律

定律	內容	舉例說明
第一運動定律	一物體若不受外力（或所受合力為零），則此物體將維持原本的運動狀態，即靜者恆靜，動者恆做等速度之直線運動。	例如公車煞車時乘客會往前倒、洗手後甩手把水珠甩落。
第二運動定律	合力＝質量×加速度（F＝ma）	將物體放在光滑平面上，施加相同的力量在不同質量的物體上會產生不同的加速度（質量越小加速度越快）。
第三運動定律	有一作用力必有一反作用力，此二力同時產生、同時消失、量值相等、方向相反，作用在同一直線、不同的物體上。	氣球消氣時會往前飛、開槍時會有後座力。

　　牛頓運動定律的題目非常多，**因為它共有「彈簧、平面摩擦力、斜面、滑輪」等四大延伸題型**。就拿「斜

面」來說，因為有高度的關係，所以要納入「重力」及「能量」的考量，因為「重力能」會轉換成「動能」。

以「107 年指考」物理科第 21 題（多選題）為例：

21. 有一固定靜止於水平桌面上的直角三角形木塊，其底角 ß > α，如圖 8 所示。質量同為 m 之甲、乙小木塊，均可視為質點，分別置於該木塊互相垂直之兩邊相同高度處。若甲、乙與斜面間無摩擦力，且兩小木塊同時由靜止下滑，則下列有關木塊運動的敘述，哪些正確？

（A）滑落過程中，甲的加速度量值小於乙的加速度量值

（B）滑落過程中，二小木塊的加速度量值相同

（C）滑落過程中，兩小木塊施加於三角形木塊之合力為零

（D）二小木塊將同時抵達桌面

（E）二小木塊抵達桌面時的速率相同

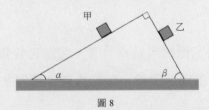

圖 8

這題如果觀念夠強，就算完全不列計算式也 OK ！

首先（A）選項因為 F = ma，兩木塊質量又相同，因此沿運動方向的 F 越大加速度也就越大。木塊甲的斜面坡度比較「緩」，因此往下滑的力量（mg x sinα）會比木塊乙小，加速度也就較小，這其實滿直觀的。因此（A）對（B）錯。

（C）選項因為直角三角形木塊是「固定的」，代表其受的「所有合力」為 0，包括兩小木塊施加於三角形木塊的力、三角形木塊的重力、以及地面的支撐力。兩小木塊施加的力只是其中一個力而已。而且就方向來說，兩小木塊都往下滑，他們重力的合力方向一定是「往下」的，不可能完全抵消，因此（C）是錯的。

（D）選項也是錯的，為什麼呢？因為木塊甲加速度較慢，路徑又較長，想也知道一定會比較「慢」到達地面。

（E）選項比較難一些，考能量觀念。「動能」公式是 $\frac{1}{2}mv^2$，兩木塊從相同高度滑下來，位能轉換成的動能（$\frac{1}{2}mv^2$）是一樣的（題目假設無摩擦力）。既然兩木塊質量（m）相同，那速率（v）當然也會一樣，因此（E）選項正確。

這題答案就是（A）、（E）。

由以上這題可知，**牛頓運動定律解題並不困難，**
但觀念要非常清楚。

2-5

化學

♛ 元素週期表

元素週期表就跟九九乘法表一樣,是化學必備基礎。

為什麼一定要背呢?因為**元素在週期表上的位置與其性質有關,除了原子量大小,還跟許多特性有關係**。若不把元素週期表背起來(至少重要元素要背),很多題目都會沒辦法作答。

首先,週期表左邊那區是「金屬」類元素,右側那區則是「非金屬」元素,位居金屬與非金屬中間的

矽、鍺等元素則是現在最火紅的「半導體」元素。

再來，同一橫列稱為一個週期，**每一週期的開始為「軌域」中每一主層的開始，往右把電子一個一個填入副層，直到填滿形成惰性氣體。**

第一週期的 2 個元素填入 1s 軌域，第二、三週期（各 8 個元素）的外層電子分別填入 2s2p 以及 3s3p 軌域，第四週期起因為多了 d 軌域（可容納 10 個電子）的關係，所以元素數量從 8 個變成 18 個，即 8 個典型元素加上 10 個過渡元素。第六周期開始又多了 f 軌域，電子填入 4f 軌域者為鑭系元素，填入 5f 軌域者為錒系元素。

而同一族（欄）元素最外層電子組態相同，化學性質也相似。例如 Na 跟 K 與鹵素結合時皆傾向失去一個電子（因為八隅體理論的關係），因此與 Cl 結合時分別為「NaCl」與「KCl」。

此外，週期表的位置還牽涉元素的「游離能」大小，週期表上游離能由左往右越來越大，由上往下則越來越小。

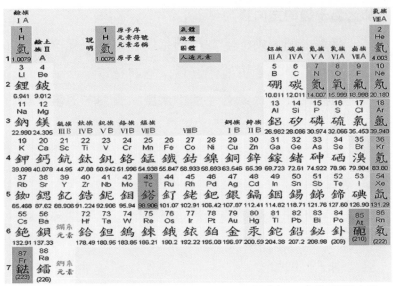

圖片來源：中華民國教育部

▼ 化學反應平衡的改變

「化學反應」是化學科的精髓，也是化學有趣的地方，經由化學反應常常得到一些意想不到的東西。當一個已達到平衡的化學反應被外加因素影響時，會發生什麼事？如何預測接下來的改變？

為了回答這個問題，我們必須掌握一個重要的原則——勒沙特列原理（Le Chatelier principle）。

「勒沙特列原理」是指：**當一個反應系統受到外加因素而離開平衡狀態時，反應會趨向「減少」此外**

加因素干擾的方向移動。

掌握這個原則，才能預測化學反應的改變，進而創造出我們要的產品。

常見的外加因素有 4 種：**濃度、壓力、溫度，與催化劑。**

❶ 濃度

當一反應物或產物的濃度改變時，系統會傾向往「抵銷」該變因的方向進行。舉一個化學課常見的實驗當例子，例如：

$$Fe^{3+}（黃色）+ SCN^-（無色）\rightleftharpoons FeSCN^{2+}（紅色）$$

如果我們在已達平衡的 $FeSCN^{2+}$ 溶液中加入一些無色的 $[SCN^-]$，溶液顏色會怎麼變化呢？

因為我們讓反應物濃度「增加」，系統的反應是傾向讓反應物濃度「減少」，所以會讓更多 $[Fe^{3+}]$ 跟 $[SCN^-]$ 反應，因此溶液裡有更多 $FeSCN^{2+}$，溶液顏色也就變更紅了。

相反地，如果我們滴入的是 $H_2C_2O_4$，因為 $H_2C_2O_4$ 會與 $[Fe^{3+}]$ 結合，導致溶液中反應物濃度「減少」，因此系統會讓化學反應朝向左方以「補回」$[Fe^{3+}]$ 的濃

度，導致產物（$FeSCN^{2+}$）減少，溶液顏色也就變淡了。

❷ 壓力

再來是壓力改變造成的影響。氣體由於體積可改變，而壓力的變化會導致體積變化，因此這類題目常牽涉「氣體實驗」。

例如：$2NO_2$（紅棕色）$\rightleftharpoons N_2O_4$（無色）

若系統體積減半，則氣體總壓力增加，兩邊氣體濃度都會上升，因此紅棕色會變濃。

這時根據勒沙特列原理，系統會傾向「減少壓力」以趨近原本的平衡狀態，因此反應會向「右」移動，NO_2 粒子數減少，反應瓶內顏色會變淡。但注意最後顏色仍會比一開始紅。

❸ 溫度

所謂「打鐵趁熱」，溫度升高時正向與逆向反應速率都會變快，但增加的幅度往往不一樣，因此須考慮該反應是屬於「吸熱反應」或是「放熱反應」（題目會給提示）。

例如：

$$PCl_3 + Cl_2 \rightleftharpoons PCl_5 \quad \triangle H^O = -111\ \text{千焦}$$

首先，我們要判斷該反應是屬於吸熱還是放熱反應。由於 $\triangle H^O < 0$，代表正向（即箭頭往右的方向）反應會造成熱能損失，也就是放熱，因此這個反應式是屬於放熱反應。

如果環境溫度提高會發生什麼事呢？溫度提高相當於「加入熱能」到系統中，根據勒沙特列原理，系統會傾向抵銷外加的變化，因此會往「吸熱」的方向走以降低環境溫度。

正向反應是放熱，負向反應就會是吸熱，因此平衡會傾向分解 PCl_5 成 $PCl_3 + Cl_2$，造成後兩者濃度增加。

❹ 催化劑

催化劑與前述三種狀況比較不同——**它可以縮短反應時間，但不會改變各物質的平衡濃度，也不會改變產率。**

催化劑雖然跟溫度上升一樣會讓反應變快，但不一樣的它是「等倍率增加」正向與逆向的反應速率，因此不會影響最後平衡的位置與濃度。

　　需注意的是以上 4 種狀況**只有「溫度變化」會影響「平衡常數大小」**。

　　為什麼呢？因為濃度跟壓力變化雖然改變了反應物或產物的量，但順著勒沙特列原理達到新平衡後，產物濃度相乘除以各反應物濃度相乘的比值（也就是平衡常數）仍然不變。

　　溫度改變就不一樣了，因為它並沒有增加或減少反應物以及產物的量，而是依據該反應是吸熱或放熱反應直接改變平衡的位置，因此平衡常數會改變。

　　至於催化劑就更不用說了，它只是增快反應速率，但不會影響平衡濃度，當然也就不會改變平衡常數。

　　打個比方好了，假設小美與小明以 2：1 的比例分配一筆錢。如果這筆錢有 300 元，那小美可分得 200 元，小明可得 100 元。

　　「濃度或壓力變化」就像今天多了 150 元，那小美可多得 100 元，小明可多得 50 元，但兩人的財產比例還是 2：1，這「比例」是不會變的。

但「溫度變化」就好比，今天這筆錢一樣是300元，但兩人分錢的「比例」改變（改變方向端視此反應是吸熱或放熱反應），因此平衡常數也會跟著變，最後兩人的財產比例可能變成3：1、4：1或其他數字。

我們來看看實際的考題，以「107年指考」化學科第23題（多選題）為例：

23.圖5為反應式之反應過程的能量變化。

下列有關此反應的敘述，哪些正確？

（A）該反應為放熱反應

（B）反應溫度升高時，反應平衡常數會下降

（C）反應溫度升高時，正向與逆向反應的速率常數皆增加

（D）反應達平衡時，正向反應速率大於逆向反應速率

（E）反應達平衡時，正向與逆向反應具有相同的速率常數

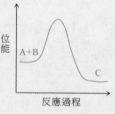

圖5

　　看圖可發現產物 C 的位能比反應物低，故此反應為「放熱」反應，（A）選項正確。

　　至於（B）選項，剛剛有提到溫度升高時系統會傾向往「吸熱」的方向走以降低溫度、抵銷外加的變化。由於此反應為「放熱」反應，因此平衡會往「逆向」移動，造成平衡常數變小，因此（B）正確。

　　（C）選項比較簡單，溫度升高正、逆向反應速率都會增加

　　（D）（E）反應達平衡時正、逆向反應速率當然是一樣的，但「速率常數」不一定一樣（$k_正$不一定 = $k_逆$）

　　因此正確答案是（A）（B）（C）。

2-6

歷史

▼ 解讀事件原因，而非死記

　　很多人念歷史覺得很痛苦，因為要背很多東西。但歷史並非偶然，一個事件的發生必有其原因，**只要了解其前因後果，就能輕鬆把它記住，不必硬背。**

　　如果目標是在歷史科拿到 70、80 分以上，或學測社會科 13、14 級分以上，**建議要針對重要的歷史事件**（如甲午戰爭、辛亥革命、八年抗戰、二二八事件等）**補充相關背景知識與事件的時空背景。**

　　現在資訊來源很發達，其實隨便 Google 一下都

可以找到很多資料，如果能多了解歷史事件的時空背景，再加上基本的邏輯思辨，那題目再怎麼變化也不容易被考倒。

舉近年來很熱門、很常考的二二八事件來說，對大多數學生來說，就是把一次歷史事件硬背起來。但**如果能了解事情的來龍去脈，就能知道二二八事件的發生並非偶然，而是冥冥中注定的事**，就是會在那個時間點發生。

很多人讀到這段歷史時會覺得疑惑──二次大戰結束後，臺灣成功脫離日本的殖民統治，應該全島人民同歡才對，為何會爆發全島大規模衝突呢？

首先，二次大戰雖然結束，但國共內戰旋即爆發，在中國大陸打得橫屍遍野。在這樣的艱困情況下，國民政府自然無法投注資源與心力治理臺灣，還得從臺灣運送白米、糖、鹽等民生物資到大陸支援前線，造成臺灣物價波動，引發民怨。

再來，畢竟臺灣已經被日本統治 50 年，在政治及社會制度上已經跟中國大陸很不一樣，因此國民政府的官員到臺灣後與當地人民會有磨合問題，容易彼此猜忌。

由於國民政府精銳部隊都放在國共內戰的前線，

因此派往臺灣接收的部隊可說是老弱殘兵，與訓練有素的日本軍隊剛好形成對比，讓期盼回到中國懷抱已久的臺灣人大失所望。

最後則是政府查緝私菸時誤傷民眾形成導火線，加上臺灣行政長官公署處理不當，對示威民眾開槍鎮壓，且在事件稍緩後仍要求中央派兵，因此造成了全島大規模傷亡。

學測、指考題目不會直接考二二八事件的年份、範圍、傷亡人數等瑣碎的資訊，而是會**引用一段史料**——這份史料可能是行政長官公署內部文件、某官員回憶錄、當地報紙內容、外電報導或歷史學家評論，接著題目會考相關的判斷。

因此，如果只是把二二八事件的時間、地點、內容硬背起來，卻沒有了解背後的原因，考試時就容易被考倒。

再舉一個例子,「107 年學測」社會科第 29 題:

東北亞地區發生衝突之際,一位美國官員建議其政府,應當採取具體措施援助臺灣。他指出:「保衛臺灣人民利益及維護太平洋地區和平與安全的計畫,如果僅由聯合國推動,不可能有任何效果。只能由美國提這種方案,才會符合各方期待而且有效。」

此人說話的時機最可能是:

(A) 1947 年,臺灣發生動亂,美國計畫穩定臺灣局勢

(B) 1951 年韓戰爆發之後,美國決定強化其東亞政策

(C) 1971 年我退出聯合國時,美國努力安定臺灣民心

(D) 1978 年底中美斷交時,美國要保障其在臺灣利益

這題對自然組學生來說並不容易,現今歷史題目非常喜歡舉四個不同時期的事件出來考,且引述的史料都不會出現在課本上。

要辨別是哪個事件,就必須了解事件的前因後果。由題目這段話的內容,可判斷該位美國官員力倡援助臺灣,也就是「美援」的開始。哪個選項的事件會讓美國決定援助臺灣呢?答案是韓戰。

如果了解韓戰爆發的原因,**就可知道答案是(B)**——二次大戰結束後,美、蘇兩國以北緯 38 度線為界,

分別接收日本在韓國的殖民地。雖然後來兩國將治理權交給當地政府，但北韓在蘇聯與中共支持下在1950年大舉入侵南韓，以美國為首的聯合國軍隊則出兵反擊，因此韓戰其實是一場「代理人戰爭」，發生原因是蘇聯、中共等共產主義政權企圖往外擴張。這也是世界進入冷戰時期的第一場大規模戰爭。

　　美國認識蘇聯與中共的企圖後欲在太平洋西側建立防線，這時才認識到臺灣的戰略重要性，決定大力援助在臺灣的國民政府，也就是「美援」的開端，因此韓戰又稱「國民黨的西安事變」。

　　其他三個選項為什麼錯呢？（A）選項「臺灣發生動亂」指的是二二八事件，而這事件跟美國無直接關係。（C）、（D）選項是美國開始「聯中抗蘇」，對我國支持力道逐漸減弱，進而導致我國被迫退出聯合國以及中美建交，跟題幹「美援」的態度剛好相背而馳。

結合時空背景與邏輯思辨能力

　　現在歷史題目與以前已經有很大不同，記得我念臺中一中時，有次歷史段考的考題是：「請問歷史課

本第 34 頁左下角的圖是在說明何種現象？」

　　你以為旁邊會附圖嗎？什麼都沒有！題目就只有這句話，還有 A、B、C、D，4 個看起來都很正常的選項。

　　大家看到這題目一片哀號，但也只能努力搜索腦中的影像，看誰歷史課本念得比較熟。這種題目堪稱「硬知識」的極致，誰背得熟就能拿高分，但對學生的未來實在沒什麼幫助。

　　這也不能怪學校老師，因為這種**硬知識題目比較好出，像大考那種落落長的「統合性」軟知識題目非常耗費心力**。段考每隔 1 到 2 個月就考一次，學校老師不太可能花很多時間開發新題目。

　　臺灣在推行「教改」時，大學教授們當然也注意到這種現象，因此大考的出題形式開始有些變化。以往聯考時代歷史科題目往往只有 1 行、了不起 2 行，現在卻 4、5 行起跳。題目不會考枝微末節的東西，而是喜歡引用史料，要你判斷某種現象或趨勢，因此**對時空背景掌握度越高就越吃香**。

來比較一下以前和現在的考題差別，首先是「民國 86 年聯考」歷史科考題：

15．北伐以後，我國實行訓政體制，當時國家的決策機構是：

（A）中國國民黨全國代表大會

（B）國民政府

（C）行政院

（D）軍事委員會

16. 七七事變是因日本駐軍在北平附近宛平縣城外盧溝橋演習，無理挑釁而引起。日軍有權駐紮北平附近，是哪一個條約的規定？

（A）北京條約

（B）馬關條約

（C）辛丑和約

（D）廿一條要求

接著看「107 年指考」歷史科考題：

6. 一位熟悉中國事務的美國記者寫道：關於這一事件，「從更長遠的視野看，這是中國長久以來對其傳統理想破滅的高點。在大約半個世紀中，中國人把他們的文化一塊塊敲下，試圖把『倒退』的因素拿掉。這期間，甚至到完全自我毀滅的地步：人們憎恨中國人的一切，但同時也憎恨外國人的一切。」他指的最可能是：

（A）新文化運動

（B）人民公社

（C）文化大革命

（D）天安門事件

7. 文獻記錄臺南三郊的由來：配運於上海、寧波、天津等處之貨物曰北郊，有二十餘號營商，群推蘇萬利為北郊大商；配運於金、廈兩港，漳、泉二州等處之貨物曰南郊，有三十餘號營商，群推金永順為南郊大商；熟悉於臺灣各港之採羅（買）者曰港郊，有五十餘號營商，群推李勝興為港郊大商。由是商業日興，積久成例，遂成三郊巨號。從這記錄看，三郊的名號是源自：

（A）進行貿易地區

（B）郊商所在地點

（C）沿襲舊有慣例

（D）營商商號數量

學測題目的長度更是不在話下，以「108年學測」社會科歷史的題目為例：

19. 許多關切教育的地方人士指出：國家建設百廢待舉，傳統知識已不敷使用，需借重歐美先進國家的政治經驗、學術思想與科學技藝等專門知識，才能提升國家建設的效率。國家先前雖曾多次派選學生出洋讀書，但人數不足。為便於學習歐美先進國家的專門知識，建設家鄉，我們也應廣派學子出國留學。呼籲主事者籌設「留學歐美預備學校」，招收學子，先在國內學習歐、美語文，以便將來出國學習。該文章反映哪種時代背景？

（A）簽訂《南京條約》後，政府需培養對外交涉人才

（B）民國初年，擴大學校教育，也培育各種專門人才

（C）八年抗戰期間，同盟國資金援助，學生可赴歐美

（D）韓戰爆發以後，美援開始，故派遣學生赴美學習

20. 1862年，德川幕府派官員到上海考察，隨行一位藩士寫下《遊清五錄》，描述當時上海的情形：「歐羅巴諸邦商船軍艦數千艘停泊江上，桅檣林立，填滿津口；陸上則有諸邦商館，粉壁千尺，殆如城郭，其雄大壯偉，筆紙難以表述。」另一方面他也觀察到：「中國人到處被外國人牽制著。……與其說上海是中國人的土地，還不如說是英法兩國的殖民地。……雖然說我們是日本人，但對於這樣的局面也應該關心留意。因為這不僅是中國之事。」他指出中國受侵略的

根源是國策失誤:「當權者只知守舊……沒有製造軍艦大砲在戰區裡抵禦敵人,才造成如此衰敗的結果。」這位日本人寫此書的目的最可能是:

(A) 日本已是先進國家,自認為是高級文化代表,故多批評

(B) 日本也相當落後,看到中國情況,希望能避免重蹈覆轍

(C) 日本自以為遠較中國富強,希望也能效法列強瓜分中國

(D) 日本自知無法抵抗列強,主張閉關自守,拒列強於境外

你看出聯考時代與學測、指考時代的出題風格差在哪裡嗎?應該很明顯吧!108 課綱上路後,未來大考題目還會再變更長、更靈活。

雖然**題目考的核心概念課本一定有提到,但取材內容可能完全不在課本內**。例如最後的 108 學測第 20 題就是很好的例子,題目是考日本明治維新,這個改革課本有提到,題目材料卻取自《遊清五錄》,大家絕對沒看過這本書,但並不影響作答。

首先背景是 1860 年代,又是日本人說的話,又提到「抵禦外侮」的關鍵字,很明顯跟明治維新有

關。明治維新 1868 年才開始，因此 1862 年的日本仍是落後國家。

　　如果你不知道明治維新的確切時間也沒關係，這段話的語氣大致是「中國很守舊、落後，因此被列強欺侮，我們日本要引以為戒」，意思就是要提醒日本人小心重蹈中國的覆轍。且日本如果已是先進國家，又何必派員到落後國家考察？因此，光從邏輯思路就可判斷**答案是（B）**。

2-7

地理

▧ 臺灣地理占分比例增加

　　自從推行「教改」後，歷史、地理的主軸逐漸從中國大陸轉變為臺灣。以往聯考時代，中國大陸的各地理資源分布圖、氣候分布、農產品分布、區域地理都是重點，甚至連鐵路分布圖都會考。但近年來，「臺灣與世界地理」占比逐漸提高，尤其是前者。

　　地理科考題大多會遵循一個原則，就是地理通論、區域地理、應用地理各占三分之一。

　　臺灣地理約占區域地理的三分之一，也就是全部

的 10％左右。然而，大考越來越喜歡將臺灣區域地理融合在地理通論或應用地理出題，因此實際占比遠高於 10％。

以「107 年指考」地理科來說，臺灣地理占的分數就高達 26 分。例如下列這題，就是典型的臺灣區域地理題，考臺灣西部沿岸地形：

2. 石滬是一省時省力的古老漁撈方式，但建造石滬需有一定的地理條件配合，包括：沿岸海底傾斜度不宜過大、海岸附近需有足夠建造石滬的石料、潮差適中。照片 1 為臺灣西部某處海岸拍攝的石滬，該處海岸最可能位於下列何處？

（A）竹苗

（B）中彰

（C）雲嘉

（D）臺南

圖片出處：107 年指考地理科

這題答案是（A）。

下一題則是將臺灣區域地理與地理通論、應用地理結合，以臺灣某地區為例，測試相關的觀念，而這將是未來出題的主流：

1.「不能跟天討太多，善用大自然的資源與運作，放棄速度與產量的追求，循環資源避免溪河優養化，讓生物在潔淨豐饒的田間相生相剋，四季換得來自田野慷慨的自然賜予」，這是臺灣北部某農業社區的發展願景。上述願景的實踐可以獲致下列哪些正面效益？

甲、永續發展　　乙、國際分工　　丙、農業轉型
丁、農村再生　　戊、農業企業化

（A）甲乙丁　　（B）乙丙戊　　（C）甲丙丁
（D）乙丁戊

這題答案是（C），內容強調農村的永續發展，跟國際分工及企業化較無關係。

因為臺灣地理相關題目占分比例越來越高，課本的臺灣區域地理一定要念熟。此外，念到各種地形、氣候或農工產品時，要想想能不能在臺灣找到相似例子。如果有，那就很有可能會在大考題目中見到。

時事題比例提高

以往地理考題著重在地形原理、氣候分布等基礎原理，近年來學測「社會科」的地理部分及指考「地理科」的題目開始融入時事。

這是正面的方向，畢竟學地理本來就是為了應用在生活中，否則考完試大家就徹底忘了，失去學習的初衷。因此**地理考題融入時事將會是不變的趨勢**。

學測與指考的時事題又有些不同，前者重視「基本通識」，例如世界各國的位置、氣候，後者則透過時事融入地理課本中的概念，例如產業群聚、海洋資源等等。

例如「107 年學測」社會科的題目：

37. 臺灣某科技公司從事研發、設計、製造電子產品及其週邊設備與零組件，是一個具有設計、製造能力和整合服務的公司。在其全球布局地圖中，總部位於臺北，製造中心散處臺灣、中國及歐、美各地；設計中心設於臺北、上海、蘇州和重慶，服務中心則遍及臺灣、美國、巴西、日本等地。該公司能夠如此布局的原因為何？

（A）交通資訊革新快速

（B）國際勞工遷移頻繁

（C）地理資訊系統健全

（D）產品生命週期延長

40. 近年來臺灣青年經常到海外度假打工，至 2017 年 7 月止，與我國簽訂度假打工協定的國家有澳洲、 西 、日本、加拿大、韓國、英國、愛爾蘭、德國、比利時、匈牙利、斯洛伐克、波蘭、奧地利、捷克及法國等 15 國，吸引國內青年踴躍參與。與我國簽訂度假打工協定的國家，以分布於下列哪個自然景觀帶者為數最多？

（A）溫帶常綠林景觀帶

（B）溫帶落葉林景觀帶

（C）溫帶灌木林景觀帶

（D）寒帶針葉林景觀帶

46. 西班牙南部某家紅酒商最近希望擴大其紅酒的產區，他打算選擇一個文化、語言和氣候與本國相似的地區作為投資的對象，請問下列哪個地區最適合這家紅酒商的投資？

（A）智利中部

（B）澳洲西南部

（C）菲律賓南部

（D）哥倫比亞北部

第 37 題指的是現代跨國科技公司常見的型態，考的是大觀念，因為交通、資訊的進步讓科技公司有辦法橫跨多個國家營運，**答案是（A）**。如果平常有在看報紙雜誌的話，應該對這種企業經營型態有點概念。

第 40 題則是近十年來最夯的「打工度假」，實際上只要知道這些國家的地理位置就能回答，這些地方緯度都差不多，地處溫帶落葉林景觀帶，**答案是（B）**。

第 46 題就更有趣了，考的是「紅酒」的主題。這題不僅考哪個地區氣候與西班牙南部最為類似，而且還要考慮語言文化因素。

智利中部與澳洲西南部皆為「地中海型氣候」，但智利官方語言是西班牙語，且南美多為西、葡移民的後代，澳洲則是說英語，因此**答案是（A）**。

事實上，有看過紅酒相關新聞的人可能知道澳洲與智利是世界紅酒重要產地，因此一開始（C）、（D）就可刪掉。

接下來是「107 年指考」地理科考題：

12. 2010 年以後，中國珠江三角洲地區的在地電子業上下游及周邊相關產業，對國外零組件進口的依賴度逐年降低，並逐漸發展出本土的供應鏈，此現象稱為「紅色供應鏈」。相較於臺灣電子業的供應鏈，此紅色供應鏈具有下列哪些優勢？

甲、工業慣性產能效益更高；乙、產品的製程效率更提升

丙、產業群聚經濟效益更大；丁、內需市場商機潛力更大

戊、國際分工的效益更提升

（A）甲乙丙

（B）乙丙丁

（C）丙丁戊

（D）甲乙戊

14. 南海的許多珊瑚礁島嶼，在主權歸屬問題上時有爭議，如臺灣、中國、汶萊、馬來西亞、菲律賓和越南等國家，都宣稱對南海諸島或部分島嶼擁有主權。各國在這片海域爭搶的利益主要是下列何者？

甲、運輸；乙、觀光；丙、漁業；丁、能源；戊、農業

（A）甲乙丙

（B）乙丁戊

（C）甲丙丁

（D）丙丁戊

第 12 題「紅色供應鏈」是近年經常出現在報紙雜誌上的詞,指的是中國產業上、下游的整合。相較於臺灣,中國產業規模更大,內需市場也相當龐大,因此丙、丁是正確的,戊則剛好相反(較不須國際分工),因此**答案是(B)**。

第 14 題考的則是近年另一項重要時事,即「南海主權爭議」。為什麼南海這麼重要呢?因為該處蘊藏豐富的海底資源,包括能源與漁業,另外還有航行權(運輸),因此**答案是(C)**。

基本上大考不可能出靠熟稔時事才能回答的題目,這樣會讓偏鄉學生吃虧,畢竟他們接收資訊的管道可能較有限。**但平常有在關心時事,這些題目回答起來會更得心應手**。平時還是要留意國內外的熱門議題,不能只關心影藝新聞或八卦娛樂。

2-8

生物

⚑ 人體構造占分比例增加

近年來生物科有個趨勢，就是在「動物領域」大幅增加人體各系統的內容。不管是 99 課綱或 108 新課綱，增加生物課程的實用性都是教育專家的共識之一。比起介紹一些原始動物，把重點放在人體運作上，的確比較切合實際，也較容易引起學生的興趣。對於第三類組以醫學相關科系為志願的學生，這些章節尤其重要，因為這些知識在往後整個生涯都可能會用到。

以「107 年指考」生物科來說,「人體」相關的考題就占近 30 分,幾乎囊括所有跟動物有關的考題。

而**人體相關領域又有 4 大重點——循環系統、消化系統、呼吸系統、排泄系統**。對應到人體的主要臟器就是心臟、腸胃、肺臟,以及腎臟。

❶ 循環系統

人體的循環系統包括「心血管循環系統」與「淋巴循環系統」。前者的重點又可分為「心臟構造」以及「全身血管循環」。

心臟構造方面要能分辨四個腔室以及四個心臟瓣膜的功能差異,另外要記住心搏週期的運作。血管循環的重點則在「冠狀循環」與「肝門脈循環」,這二者也是醫療人員在臨床上常碰到的問題。

至於「淋巴循環系統」對大家來說可能就比較抽象一點。大家可以這樣想——血管負責回收血液,那在血管之外的液體或組織液怎麼辦呢?就由淋巴系統負責回收。因此血管系統跟淋巴系統是互補的,兩者一起維持人體循環系統的正常運作。

來看看「107 年指考」生物科相關考題：

> 8. 圖 2 為心臟及其連接血管的切面圖，甲乙丙丁均為瓣膜，下列敘述何者正確？
>
> （A）心房及心室舒張時，甲與丙關閉
>
> （B）心房收縮及心室舒張時，甲與乙會開啟
>
> （C）心房舒張及心室收縮時，乙與丁會開啟
>
> （D）流經丙與丁處的血液屬於缺氧血
>
>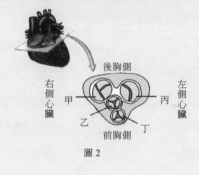
>
> 圖 2

　　這題最重要的就是辨認出這四片瓣膜。

　　甲、丙面積比較大，是房室瓣。且房室瓣有個特徵，就是「左二右三」——左側房室瓣又稱「二尖瓣」，由兩片瓣葉組成；右側房室瓣又稱「三尖瓣」，由三片瓣葉組成。

　　大家仔細看圖 2 會發現甲有三片瓣葉，丙只有二

片，更讓我們確認甲是三尖瓣、丙是二尖瓣。而主動脈瓣在左心室與升主動脈中間，位置較靠近心臟橫切面的中央，肺動脈瓣則在比較前面的位置，因此乙是「主動脈瓣」、丁是「肺動脈瓣」。

辨認出甲、乙、丙、丁之後，接下來就可以開始判讀選項：

（A）心房與心室都舒張時（心搏週期第三期，約0.4秒），房室瓣一定是打開的，這樣血液才能從血管回流進心房、心室。

（B）二邊房室瓣（甲、丙）會開啟，這樣血液才能從心房流到心室

（C）正確，這樣血液才能從心室打進血管。

（D）流經丙的是充氧血，流經丁（肺動脈瓣）是缺氧血。

因此這題答案是（C）。

❷ 消化系統

消化系統有三大重點──人體消化構造、消化液的分泌、以及養分吸收。

人體消化構造由上到下包括口腔、咽部、食道、胃、小腸、大腸、以及肛門。大家常搞混的地方包括

賁門（食道、胃交接處）與幽門（胃、十二指腸交接處）的位置，以及闌尾的位置（大腸起始端）。

消化液則是很常出題的地方，包括唾液、胃液、膽汁、胰液、小腸液的作用都要記得很清楚。

「養分吸收」的部分則要弄清楚小腸絨毛如何吸收各種養分，以及如何從腸道進到肝門靜脈，進而循環全身。

以下是「107 年指考」生物科單選題第二題：

2. 下列哪種食物最先被人體分解？

（A）澱粉（B）油脂（C）豆魚肉蛋類（D）青菜

這題測驗大家對各消化器官以及消化液有多熟。

食物進到口中之後會先碰到哪一種消化液呢？答案是口水中的唾液澱粉酶，因此最先被分解的是「澱粉」，**答案是（A）。**

❸ 呼吸系統

這部分的重點在於呼吸運動的調節，以及氧與二氧化碳的交換與運輸。

呼吸中樞位於延腦與橋腦，前者引發吸氣、維持正常呼吸速率，後者則限制吸氣，又稱「呼吸調節中樞」。

再來最重要的是「化學受器」的部分，我們要怎麼知道現在要呼吸快一點還是慢一點呢？身體如何製造出「喘」的感覺呢？

「中樞化學受器」位於延腦，對腦脊髓液中「氫離子（H^+）」的濃度變化非常敏感。CO_2濃度升高會刺激化學受器，進而促進人體呼吸。「周邊化學受器」則位於頸動脈與主動脈的血管壁，可同時偵測H^+與O_2濃度的變化，並將訊息傳送到延腦的呼吸中樞。

至於氧氣的交換與運輸部分，氧分子主要由紅血球的血紅素來運輸。（註：因此在醫學上判斷一個病人需不需要輸血，主要是看「血紅素總量」而不是「紅血球總量」，因為病人若紅血球的血紅素偏低，這樣攜帶的氧氣還是不夠），一分子血紅素可結合 4 個O_2。

「一氧化碳中毒」就是因為血紅素被 CO 搶走，導致血紅素無法攜帶氧氣，造成中毒。

而CO_2則是大部分擴散進紅血球，在碳酸酐酶的催化下和水合成碳酸（H_2CO_3），再解離成HCO_3^-

和 H^+。等血液運送到肺泡時，再行逆向反應釋放出 CO_2。

下列是「106 年指考」生物科第 27 題（多選題）：

27. 下列哪些蛋白質與 CO_2 在人體血液中的運送有關？

（A）血紅素

（B）碳酸酐酶

（C）血漿白蛋白

（D）血纖維蛋白

（E）免疫球蛋白

正確答案是（A）、（B）。

血漿白蛋白協助維持滲透壓及 pH 值，血纖維蛋白與凝血反應有關，而免疫球蛋白則與體液免疫有關。

❹ 排泄系統

哺乳動物含氮代謝物的排泄，主要由「泌尿系統」進行。人體的泌尿系統包括腎臟、輸尿管、膀胱和尿道。

　　這部分的重點主要在於**腎臟構造、腎元功能、以及水和電解質的恆定**。

　　「腎元」是腎臟構造的基本單位，人類每顆腎臟大約由 100 萬個腎元組成（要用顯微鏡才看得到）。腎元構造包括腎小體與腎小管，而腎小管又分為近曲小管、亨耳氏套和遠曲小管。

　　那腎臟是怎麼形成尿液的呢？**主要是透過過濾作用、再吸收作用和分泌作用**。

　　首先，水、葡萄糖等小分子物質（血球不會跑出來喔，所以尿中有血是不正常的）會由微血管經「過濾作用」流入近曲小管，稱為濾液。

　　接著，濾液中的某些物質會經由「再吸收作用」從腎小管再回到微血管網。大家一定很好奇，為什麼丟出去的東西要再撿回來呢？因為濾液中還有一些有用的物質，像是胺基酸、維生素、鹽類等等，這些對維持體內物質濃度的恆定是很重要的。

　　最後，某些物質（例如 K^+、H^+、藥物等）會經由腎小管的管壁細胞以「主動運輸」的方式排至濾液中，這就是「分泌作用」。分泌作用使得腎臟可以「加速排除」某些物質，以調節體內恆定。

　　透過過濾作用、再吸收作用和分泌作用，人體

可以更精密地調控體內物質以適應各種狀況，例如缺水、離子失衡、藥物中毒等等。

再來是水和電解質的恆定。

腎臟對水的調節是透過「抗利尿激素（ADH）」的作用，當體內缺水時，腦垂腺後葉會釋放出 ADH 以減少由尿液排出的水分。當體內水過多時則會抑制抗利尿激素分泌，讓尿液變稀以排出較多的水。

電解質部分最重要的是鈉離子（Na^+）的平衡。當體內 Na^+ 濃度過低時，會刺激腎臟細胞分泌腎素（renin），腎素又會間接促進腎上腺皮質分泌醛固酮，增加腎小管對 Na^+ 的再吸收。

當體內 Na^+ 濃度過高時，則會刺激心房壁上的內分泌細胞分泌「心房排鈉肽（ANP）」。ANP 會可抑制腎素，加速腎小管排出 Na^+，因而降低體內的 Na^+ 濃度。

以下是「106年指考」生物科單選題第六題：

6. 有關人體 Na^+ 恆定性的維持，下列敘述何者正確？

（A）心房細胞所產生的激素可調控腎小管對於 Na^+ 的再吸收

（B）體液中 Na^+ 的含量過多時，會造成血壓下降

（C）腎上腺髓質分泌的醛固酮可增加集尿管對 Na^+ 的通透性

（D）Na^+ 的增加會引發腎素（renin）的分泌

（A）沒錯，會分泌心房排鈉肽

（B）Na^+ 含量過多會使水分滯留血管內以維持滲透壓，血管內的血液容積增加，因而使血壓上升（所以高血壓病人不能吃太鹹）

（C）是腎上腺「皮質」才對，腎上腺髓質分泌的是腎上腺素

（D）會抑制

因此這題答案是（A）。

　　這部分的題目其實並不難，但要盡量「理解」各系統是怎麼運作的，而不是去硬背它。

第 3 章

超級筆記術

memo

3-1

筆記的重要性

⬛ 留下上課精華

「筆記恆久遠，一本永流傳」。人的記憶是有限的，要回憶一年前某堂課的內容，大概沒有多少人能記得起來，筆記本上的內容卻能亙古留存，這就是做筆記的價值。

千萬不要挑戰自己的記憶力，因為人的短期記憶容量有限，再強的記憶也比不上最淺的字跡，當天上課的內容也許回家還記得很清楚，但 1 個月後再回頭看空空如也的課本，可能已經完全忘記老師說了些什麼。

　　我在每個階段畢業時（小學、國中、高中），一項樂趣是翻上課抄的筆記，看著以前自己做的紀錄，課堂與校園生活一幕幕接連浮現眼前，那些都是我青春的痕跡，令人懷念。

　　除了平日上課，中學生也有許多聽演講或講座的機會，這也是做筆記的好機會。很多演講內容當下覺得很有道理，但回家就什麼都忘記了，非常可惜。**精采的內容值得慢慢咀嚼，某些觀念甚至可能改變你的一生**，而這些都仰賴優異的筆記技巧予以保存。

▼ 訓練整合能力

　　寫筆記不僅是把上課的東西「抄」下來，寫筆記本身就是一種整理與思考的練習。人類平均說話速度約 1 分鐘 300 個字，但寫字速度 1 分鐘才 60 個字，只有 1/5 左右。**在抄筆記的當下，就已經不自覺地在整理上課內容**。決定哪些內容要保留、哪些要捨棄，這就是一個訓練思考的過程。

　　回家後的筆記整理更是重點。筆記並不是抄完就算了，重點是回家後要消化、吸收，考前要拿出來複習，才能真正發揮筆記的價值。

而現代筆記術強調的不是把筆記抄得多美、多漂亮，抄得跟藝術品一樣，耗費時間又不切實際。**筆記術的重點在於用最有效率的方式記錄內容，並且用有效的方式整理、分析。**將上課內容記下來，並經過思考、整理的過程，才能真正吸收內容，化為己用。

「寫筆記」的過程其實運用到相當多的方式幫助學習。

首先，**「做筆記」可以幫助在課堂上保持專注。**要有東西可以抄寫，就必須有材料，因此我們會注意聽、看上課的東西。如果完全沒做筆記，很容易就會神遊四海，作白日夢去了。

其次，**「寫」的過程會增強記憶。**寫的過程必須同時統合視覺、聽覺、觸覺，與手部的運動能力──「聽」到或「看」到老師講的東西後，必須拿著筆「看」著筆記本或課本把它「寫」下來。對於同一件事，動用到的生理資源越多，留下的印象就越深刻。好比今天「看」一張圖跟拿起筆把那張圖「畫」一次，後者留下的印象一定比較深刻。

再來，**「決定筆記的內容」本身就會用到整合能力。**我們不可能將所有內容都抄下來，必須有所取捨，這個去蕪存菁的過程，就會強迫我們思考哪些內

容值得保留、哪些可以捨棄。

⚱ 重要的人生整理術

做筆記，不僅僅是抄寫文字，更是一種「人生整理術」的展現。成功的人寫字不一定寫得漂亮、房間不一定收得整齊，但生活與思緒絕對是有條有理。

前幾年，日本有一本銷售突破百萬冊的暢銷書《怦然心動的人生整理魔法》，作者是知名整理諮詢顧問（這樣都能當一個職業，酷吧），開設「少女的整理收納課」與「社長的整理收納課」，想預約她諮詢？抱歉，要等半年。

她發現**當客戶的生活環境改造後，人生常有戲劇性的轉變**，因此稱之為「人生的整理魔法」。

做筆記也是一樣的道理，不僅是上課，往後在職場上、甚至日常生活中能做筆記的機會太多了，甚至寫日記也一樣需要筆記技巧。

本章將介紹常用的筆記術，包括現在全球最流行的康乃爾筆記法、麥肯錫筆記法、心智圖，及子彈筆記術，並用範例解釋如何將這些筆記術運用在課業及生活中。

3-2

筆記術通用技巧

速度重於美觀

　　抄筆記時分秒必爭，當你還在慢慢修改上一個重點時，老師早就不知講到後面第幾個重點去了。為了把筆記寫漂亮一點，卻漏掉大部分的內容，抄了 10% 卻錯失其他 90%，這樣有點本末倒置，喪失做筆記的原意，因為字太醜可以重寫，但漏掉的內容不會再出現。

　　為了達到最大效率，**需要細部修改的地方請留到下課或回家後再處理**，在課堂上先把需要修改的地方

「做記號」，讓自己知道哪裡需要修改。

以符號代替文字

呼應上一點，要增加寫筆記的效率，就必須使用一些技巧，其中一項很重要的就是「以符號代替文字」。

尤其是文科的筆記，老師的板書或補充內容常常落落長，充滿密密麻麻的文字，照單全收非常累人，所以**要開發出屬於自己的符號，以代替一些重複出現的文字**。這部分沒有通用法則，自己看得懂就好。（細節及範例可參考《不是資優生，一樣考取哈佛》）。

打造生活記事本

隨著年紀增長，生活中大大小小要處理的事越來越多，已經不像小學生只要上下課、寫功課、玩耍就好。

我從高中開始每年都有一本記事本，裡面記載每日重要行程或待辦事項。如此一來，不僅不會錯過重要的活動、考試、忘記帶東西，也為自己的高中生涯

留下寶貴的紀錄。

人的短期記憶空間有限，**生活記事本的另一項優點就是幫我們「心靈卸載」**，一旦寫在記事本上，就可以把記憶空間挪出來給新的任務。有時我們心裡一直惦記著要做某件事，到最後關頭卻因為某些事情分心而忘記，真的相當扼腕。善用「生活記事本」就能避免這種情形發生。

書店裡有販售各式各樣的精美記事本，可以挑一本喜歡的來用。如果不習慣用紙本，直接使用手機當記事本也可以，但缺點是 3C 產品有使用壽命，不像紙本可以放在房間收藏、更有紀念價值。

3-3

常見筆記術

▼ 階層式筆記法

這是中學生在所有筆記法中最常用、也是最容易入門的。

階層式筆記法顧名思義，就是將上課內容以「階層化」的方式處理，將看似繁雜的內容在抄筆記時將其整合，幫助快速吸收。

這種筆記法適合較有架構的內容，有明顯的階層或條列，例如歷史、地理等文科。

📌 階層式筆記法步驟

① 主題：首先，為今天的筆記設定主題，例如這堂課是講「文藝復興」或「地中海型氣候」，並加上日期以方便歸檔。

② 條列重點：將每一重點條列式記錄下來。

③ 階層關係：區分出內容的階層關係，例如「歐洲地理」下可分北歐、西歐、南歐、東歐地區等。

　　上課時通常較趕，文字前不一定要加上符號或編號，只要創造出「階層」的視覺效果即可，回家後有時間可再加以美化。

📌 階層式筆記法特性（★表示適用／推薦程度）

上課	演講／講座	社團	生活記事
★★	★★	★★	★
優點		**注意事項**	
1. 簡單、容易上手。 2. 各場合皆適用。 3. 複習快速省時。		1. 不易表現出各項目的關聯或交互作用。 2. 該主題不一定有階層關係。	

階層式筆記法範例

2020 年 11 月 4 日　地理課
南亞

自然環境
 －**地形**
  南部高原區
   西高東低
   印澳板塊一部分
  中部大平原（原為海溝）
   西半部－巴基斯坦
   東半部－三角洲（印度＋孟加拉）
  北部高山帶
   地理分界－喜馬拉雅山
   恆河、印度河發源地
 －**氣候（熱帶季風氣候）**
   6～10 月：雨季
   11～2 月：涼季（乾爽宜人、適合旅遊）
   3～5 月：熱季
農業與人口
 －**農業**
   雨量不平均 → 發展灌溉農業
   綠色革命（引進奇蹟麥）→ 小農無法負擔 → 貧富差距擴大
 －**人口（18 億，已超過東亞）**
   早婚、多產
   社會階級分明、貧富不均（貧窮線人口 >22%）

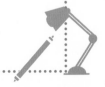

✒ 康乃爾筆記法

這是由康乃爾大學（Cornell University）教授華特‧波克（Walter Pauk）在 1940 年代開發出的筆記方式，目前廣為商界人士與大學生採用。

康乃爾筆記法是指把頁面分成三個部分（可參考右頁空白格式）：

❶ 頁面右側 2/3 的空間為「主欄」（筆記欄）：

上課時做筆記的地方。

❷ 左側 1/3 的空間是「副欄」（關鍵字／問題欄）：

把今天上課內容用關鍵字標記在欄位裡，同時寫下一些疑問。

❸ 頁面最下方留數行的空間，為「總結欄」：

回家後在 24 小時內看過所有的內容，用「自己的話語」把內容歸納為數行的結論，利用這個機會消化吸收上課的內容，達到最高的學習效率。

副欄（關鍵字、問題欄）	主欄（筆記欄）

（總結欄）

康乃爾筆記法步驟

康乃爾筆記法又稱「5R 筆記法」，因為具體步驟可分成 5 個 R 開頭的英文單字：

❶ 記錄（Record）：在課堂中將內容記錄在「主欄」，越詳細、精確越好，不必太顧慮美觀或架構問題。

❷ 簡化（Reduce）：在下課或演講結束後，在「副欄」內整理主欄的內容，趁記憶猶新時將其重點摘錄出來。

❸ 背誦（Recite）：把主欄遮住，看著副欄中的摘要試著將上課內容完整敘述一遍。

❹ 省思（Reflect）：詢問自己關於這堂課內容的問題，例如「我從這堂課學到了什麼？」、「地中海型氣候與大陸型氣候有何不同？」。並在 24 小時內把內容歸納為數行的結論寫在「總結欄」。

❺ 複習（Review）：考試前至少花 5 到 10 分鐘看這份筆記，充分吸收內容。

康乃爾筆記法相當適用於上課的情境，你可以在筆記欄盡情記錄上課內容，即使看起來雜亂無章也沒

關係，重要的是詳盡、確實。 然而，**康乃爾筆記法相
當仰賴回家後的「整理」，因為關鍵字欄與總結欄才
是筆記的精華所在。**

**「康乃爾筆記法」尤其適用於無法預先知道架構
的課程（例如演講），**因為這時候筆記內容往往會抄
得很雜亂，但經過康乃爾筆記法整理後，一樣可以輕
易抓到重點。

按照上述步驟完成所有欄位後，理論上已經充
分掌握這堂課的內容。如果對於內容有任何疑問或不
懂之處，記得在筆記上註明，並在隔天請教老師或同
學，避免因時間過久而遺忘。

康乃爾筆記法特性（★表示適用 / 推薦程度）

上課	演講 / 講座	社團	生活記事
★★	★★★	★	★
優點		**注意事項**	
1. 容易掌握每堂課精髓。 2. 記錄時較快速（不用考慮 　格式）。 3. 訓練統整能力。		仰賴課後整理。	

康乃爾筆記法範例

2020 年 12 月 13 日 歷史課
中古世紀的歐洲

日耳曼王國	五世紀 西歐日耳曼民族
	東哥德→義大利　西哥德→西班牙
	法蘭克→高盧　汪達爾→北非
神聖羅馬帝國	盎格魯、薩克遜→不列顛
	東法蘭克國王鄂圖一世→神聖羅馬帝國
	封建制度的社會經濟背景
	領主分土地給下屬，保護附庸安全
封建制度	附庸提供軍事與經濟支援
	10～13 世紀→高峰
	封建社會階級：教士負責宗教，貴族、平民
莊園經濟	商業衰退　貨幣消失　自給自足（莊園）經濟
	主教→地方最高權威
	基督教維持社會穩定
社會階級	4 世紀→修院制度、修士三大戒律（安貧、守貞、服從）
	教會世俗化與封建化
政教衝突	國王貴族干預教會人事
	11 世紀 教宗格列哥里七世 v.s. 神聖羅馬帝國亨利四世發生衝突

－中古世紀歐洲是日耳曼各王國天下（神聖羅馬帝國開端）。
－封建制度（8～15 世紀），領主與附庸建立「臣屬關係」。
－莊園經濟（領主＋農奴），農村為生產單位（自給自足）。
－封建社會階級：貴族（作戰）、教士（宗教）、平民（勞動）。
－主教為地方最高權威，教堂為民眾生活中心。
－教會接受貴族贈地，國王、貴族干預人事，11 世紀教會改革引發政教衝突。

麥肯錫筆記法

「麥肯錫」是全球知名的企業管理諮詢公司，《科學》雜誌記者曾開玩笑：「如果上帝決定要重新創造世界，那祂會聘請麥肯錫。」其在商業界的影響力可見一斑。

大家可能不知道「企業諮詢顧問」是一個相當專業、薪水也非常高的行業，平均年薪可達 200 萬新臺幣以上，而「麥肯錫筆記法」就是麥肯錫公司內部常用的一套筆記法，幫助企業顧問快速評估問題並提出解決方案。

麥肯錫筆記法將版面畫分為幾個區域：先在上面預留一些空間，下方則是主要筆記空間。接著用橫線把標題欄再分為「標題欄」與「結論欄」，後者是整頁內容的結論。

接著用兩條直的分割線把筆記空間均分成三等分（可參考下頁空白格式），從左至右分別為「現狀」、「解釋」、「對策」。

標題欄		
結論欄		
現狀	解釋	對策

麥肯錫筆記法步驟

❶ 設定主題：在標題欄寫下主題。

❷ 描述現狀：在「現狀」欄位描述面臨的難題，要以客觀事實為主。

❸ 提出解釋：針對在「現狀」欄位描述的難題提出解釋，問自己「為什麼會這樣？」。

❹ 決定對策：這是最關鍵的步驟──提出解決方案。

📌 麥肯錫筆記法範例

社團招生狀況不理想		
改善迎新內容、舉辦第二次迎新		
現狀	**解釋**	**對策**
1. 今年迎新新生只有 15 位。	→迎新活動內容不夠吸引新生，因此無法吸引大家參加。	1. 舉辦第二次迎新，並加入現場表演與有獎徵答等互動性較高的活動，拉近與新生距離。
2. 社團博覽會時詢問度很高，但參加迎新並加入社團的人很少。	→ 迎新活動內容只有講座跟社團簡介，沒有現場表演或是抽獎等有趣的活動。	2. 主動聯絡社團博覽會有留下資料的新生，宣傳第二次迎新以及社課。

📌 麥肯錫筆記法特性（★表示適用 / 推薦程度）

上課	演講 / 講座	社團	生活記事
★	★★	★★★	★

優點	注意事項
1. 可快速剖析問題核心、研擬對策。 2. 相當適用職場。	1. 需要練習（較不易上手）。 2. 須對問題背景有一定了解程度。

✏ 心智圖

心智圖是 70 年代由英國學者東尼‧博贊（Tony Buzan）所開發。**這種筆記法不同之處在於強調創造性，顧名思義就跟人的「心智」一樣，**由中央的核心主題往外「分枝散葉」激發創意，模擬人體大腦運作的模式。

心智圖的優點是形式較自由，強調創造性，可用以解決生活中許多問題。現今在某些國家甚至會舉辦「心智圖競賽」，參賽者要在規定時間內針對特定主題畫出自己的心智圖，比誰最有創造力、想像力，及邏輯思考能力。

📌 心智圖步驟

❶ **列出「核心」**：首先在圖形中央用文字或圖像設定筆記「主題」，如「推甄臺大醫學系」，當作「核心」。

❷ **設定主幹**：由這個主題，接著可能想到「學測」、「備審資料」、「面試」、「生物、化學跑臺」等相關事項。每一主幹可用不同顏色表示，更一目瞭然。

❸ **延伸分枝**：從每一主幹往外延伸出更多細節，就像樹枝往外延伸，或像神經細胞的突觸，最後形成一個完整架構。為了讓視覺效果更清晰，越接近中央的樹幹可以畫得比較粗，越往外越細，就像真正的樹木一樣。

❹ **建立關聯**：若其中兩個主幹或分支之間互相關聯，可用箭頭等符號表示它們之間的關係。也可以增加新的連線，慢慢的，重要的東西就容易被凸顯出來，也容易產生新點子，這是一種腦力激盪。

❺ **圖形優化**：如果突然想到很重要的東西，可用不同顏色標註或直接從核心分出來，不一定要從最末端繼續畫下去。記得，盡量用關鍵字、符號、圖像替代文字，避免資訊太多，影響思考。為了圖形美觀，盡量將關鍵字統一列在每個分支上方，避免過於雜亂。

　　每個人可視需求「客製化」每一張心智圖，例如在每個分支或關鍵詞都加上符號、使用喜愛的顏色區分不同分支，或在心智圖旁加上註解、疑問等，可自行發揮創意。

心智圖範例

　　以國、高中課業來說，心智圖相當適合「主題探討」與「主題統整」。例如「影響植物生長的因素」：

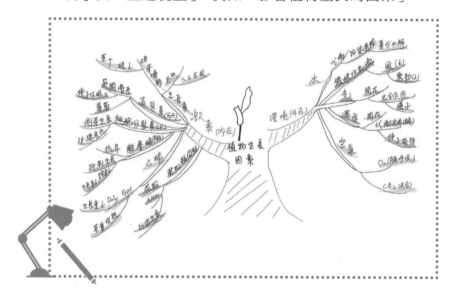

心智圖特性（★表示適用／推薦程度）

上課	演講／講座	社團	生活記事
★	★	★★★	★★

優點	注意事項
1. 容易激發創意。 2. 適合主題式思考、記錄。	1. 較不易上手，需要練習。 2. 須對主題架構有基本認識。

✎ 子彈筆記術

子彈筆記術近來在全球引起熱潮，繼康乃爾與麥肯錫筆記法後廣為商務人士與普羅大眾所採用。

這是由一名產品設計工程師瑞德‧卡洛（Ryder Carroll）發明的，他小時候深受「注意力不足過動症候群」（俗稱過動症）困擾，難以完成生活中的各項任務。藉由這種筆記術，他幫助自己整理思緒，提升生活效率，人生自此逆轉。

子彈筆記術相當適合各種情景，尤其是生活記事。藉由最簡單的方式將生活大小事記錄下來，並整合、分類、分析，用最有效率的方式協助處理生活大小事務。

子彈筆記術的核心概念是「你不能創造時間，你只能利用時間」，因此要用最有效率的方式做筆記，並用以管理自己的生活。**另一項核心概念是「更好＞完美」**，我們比較的對象是自己，永遠試著讓自己進步，並感激生命中的美好。也要體認到每件事不可能十全十美，如果總是看到殘缺的那角，將無法在平凡中找到快樂。

對中學生來說，「子彈筆記術」不僅可以運用在

生活記事上，在課堂上也一樣可妥善利用。

子彈筆記術步驟與範例

在實務上有三大核心，分別為快速記錄、群組、轉移。

一、快速記錄：

利用縮寫符號、記號、文字等，將每個事件、任務、心得記錄下來，並排定優先順序。

❶ 設定主題與頁碼

如「2019.07.30」（日記）、「地理（二）第二章第一節」（上課筆記）、「暑訓籌備會議」（社團開會）等。

除了主題，還要標上「頁碼」。千萬不要偷懶，因為頁碼是子彈筆記的「地址」，之後製作「索引」時，頁碼就會很重要。若筆記本本身就附有頁碼，就不須另外標註。

標註頁碼可按照數字順序，從第一頁標到最後一頁。也可根據主題，例如 A1 標到 A31，然後 B1 ～ B27；或使用縮寫，例如歷史課筆記就從 H（history）1 標到 H80、地理課從 G（geography）1 標到 G80 等。

❷ 列點

指記錄事情的方式，要**使用簡短、不帶情感的句子記錄想法或代辦事項**。每個列點前都有一個特定記號，標明類別，如任務、事件、註記（請參見接下來的內容）。

盡量去除贅字累詞，節省記錄時間，寫太長容易變成流水帳。但也要注意句子不能過短，導致無法辨識出原意。

例如：

· 暑訓讓 Sammy 當關主、John 當小隊輔。

· 訂母親節聚餐位子（沾美西餐廳）。

· 晚上複習數學 2 － 1。

❸ 任務：分 5 種不同狀態的記號：

· **任務**：必須採取行動的工作項目。

✕ **已完成的任務**：已完成的行動。在待辦任務完成後在前面打一個 ✕，表示已執行。

> **已轉移的任務**：任務已經移至下個月的月誌或特定群組。

< **已排定的任務**：任務已被排定，但不在這個月，因此被移回筆記前面的未來誌。

不重要的任務：先前記錄的任務可能因情況改變，不再有執行必要，或變得不重要，就把它刪除以節省心力。

例如：

· 今天晚上複習地理第二章第二節

✕ 寫數學作業

> 報名臺大暑期心理營（已寫進下個月的月誌）

< 下下個月的暑訓開會紀錄，記得找社團指導老師簽名

~~**不重要的任務：請教物理老師這次小考寫錯的題目（後來有同學教我了）**~~

❹ 事件：記號為「。」

「事件」前使用「。」的記號，用來記錄與經驗有關的事，不管開心、悲傷或嚴肅，例如：

。小明自願當寒訓總召

。地理老師說我很適合念地質系或大氣科學系

。今天地理小考我考全班最高分

「事件」記錄主要是客觀的事實，由於人的記憶往往是片面、主觀的，因此「事件」的記錄有助於回顧過去的生活，知道事情的全貌。

子彈筆記以「簡潔明瞭」為原則，若你很想把自己的感受詳細記錄下來也可以，但建議與筆記分開，以方便之後進行內容轉移。

❺ 註記：記號是橫線「－」

內容包括事實、新點子、想法和自己的觀察。**註記表示當下不需要採取行動，但希望先記錄下來的事。**

註記必須簡短，因為在寫筆記時往往沒有太多時間寫註記，所以註記的內容只能納入最關鍵的資訊，等回家或執行待辦任務時再將註記整理一遍。

例如：

- **今天晚上複習地理第二章第二節**
  - **記得看今天發的補充資料**
- **小明自願當寒訓的總召**
  - **如有其他人報名，要再開會決定**

❻ 標記符號與客製化列點

指用一些符號與列點「客製化」你的筆記。

運用「標記符號」凸顯特定的項目，可以更快搜

尋到這些項目,例如「優先事項」可用星號「★」表示。下一章節會提到「靈感筆記」,可利用這部分把這種筆記融合在子彈筆記術中,例如,靈感或點子用驚嘆號「！」表示,未來要搜尋「靈感筆記」時只要找有「！」的地方即可。

「客製化列點」指用英文字母或其他喜歡的符號,標記出一些「特殊但會重複發生」的情況。如「網球練習」可以用「T」標記在前,這樣一看就知道哪些時候要練球;或段考可以用「(；￣○￣)」來表示,一看就知道哪時候要考試。

二、群組:

筆記內容可能相當繁雜,因此需要用「群組」方式分類整理。

建議群組可分為「日誌、月誌、未來誌、索引」四種,用來整合筆記的複雜內容,某種程度上也利用了「階層」概念。

可依自己需求規畫,看怎樣的分類方式最適合。以上分類是針對生活記事,若要用於課堂筆記也可換成「上課日誌」、「段考誌」、「未來誌」、「索引」等。

❶ 日誌

子彈筆記的主幹，記錄每天發生的事件、待辦事項、心得等，只要標記上日期及頁碼就完成當天的日誌。

運用剛剛提到的一些技巧，可以用最快速、簡潔的方式記錄生活記事或課堂內容。

由於我們永遠無法得知今天會發生多少事，或課堂上有多少筆記要寫，因此不需要一次設定好幾天或好幾堂課的空間，只要在上一次結尾的空白處或下一頁開始隔天的日誌即可。

❷ 月誌

幫助我們俯瞰當月必須完成的事項及行程。建議可以將空白跨頁的左側設為「日曆頁」，右側則是「任務頁」，例如下頁的範例。

📌 月誌範例

（日曆頁） 2020 年 6 月	（任務頁） 2020 年 6 月
1 一 國文小考、社團開會 2 二 數學小考 3 三 英文小考 4 四 鋼琴課 5 五 6 六 跟同學看電影 7 日 家族聚餐 8 一 國文小考 9 二 數學小考 10 三 英文小考 11 四 鋼琴課 12 五 13 六 去臺中玩	・買新 T-shirt ・修腳踏車 ・買送給奶奶的禮物 ・報名臺大物理營 ・完成社團暑訓的企畫書 ・訂暑假去日本的機票

文具店有販售許多格式精美的日曆本，上面的日期與節日都已經標好了。可以用這種日曆本，直接將任務頁與日曆頁結合，將任務直接標註在日期的空格裡。

❸ 未來誌

比較適合「專案」形式的任務，例如 8 月底要辦社團暑訓，可能從 5 月就要開始籌畫，5 月到 8 月暑

訓之間會有許多待辦任務。

　　如果讓這些待辦事項分散在日誌中，很多人會覺得零散難以整理，這時「未來誌」就是很好的工具。

　　首先將它置於筆記前面，緊接在索引頁之後。或另外單獨用一個部分寫也可以。接著，將整體規畫列出，如下面的範例。

未來誌範例

2020 年 5 月	2020 年 6 月	2020 年 7 月	2020 年 8 月
・討論暑訓場地 ＞徵選營隊幹部	・暑訓場地場勘 ・討論暑訓課程 ・校內活動宣傳 ・開放社員報名 ＞學校經費申請	・訂暑訓場地 ・訂活動細流 ・跟小隊輔們開會	・活動前場勘 ・訂遊覽車 ・訂保險 ・收費

　　可以把「未來誌」上的任務視為排隊的隊伍，**一旦確定某一項任務的日期後，就把它「轉移」到月誌上**，避免忘記。

　　一旦該工作事項轉移後，記得把未來誌該工作事

項前面標記成「已轉移」，例如 5 月份的「徵選營隊幹部」。

❹ 索引

不管使用的是子彈筆記術或其他筆記方法，都建議要在最前面建立「索引」，因為當筆記頁數多到一定程度，光找尋筆記就會花去許多時間。

一般來說，如果這份筆記預期會少於 20 頁，那不製作索引也沒關係。但用於生活記事或課堂筆記的子彈筆記，一般來說頁數都會遠超過這個數字。

不管用哪一種方式排序，只要能在短時間內找到想要的內容，就是一份好的「索引」。

可以按照數字、時間順序，例如：

未來誌：1 － 4

一月月誌：5 － 6

一月課堂日誌：7 － 29

二月月誌：30 － 31

二月課堂日誌：32 － 53

也可按照主題排序，例如：

世界地理

歐洲：5 － 10

美洲：11 － 17

亞洲與大洋洲：18 － 26

非洲：27 － 31

如果這本子彈筆記是用於生活記事，那按照數字或月份順序比較合適；如果是上課筆記，按照主題排序比較合適；也可使用「代碼」排序。例如「體育祕笈」的筆記，網球的頁碼就用「T」排序、籃球用「B」、排球用「V」。

網球：T1 － T14

籃球：B1 － B16

排球：V1 － 19

三、轉移：

「複習」及「update」的概念，定期（例如每個月）檢視內容，將無意義的內容移出，將內容精簡並整理出尚未完成的任務。

許多筆記術都教如何建立清單，但子彈筆記術特別強調「整理」，也就是讓清單重新建立連結，讓內容更有架構、更精簡，進一步提高生產力。

❶ 每月轉移

　　每個月最後幾天可以準備建立下個月的月誌，這時要仔細瀏覽這個月的內容，在新月誌的「任務頁」寫上未完成的任務。

　　接下來檢查「未來誌」的內容，如果有任務排定在下個月完成，記得把它們從「未來誌」轉移到下個月的「月誌」。

❷ 年度／筆記本轉移

　　每年的年底或筆記本空間用罄時是回顧的好時機，無論筆記本的篇幅有沒有用完，都應該啟用新的筆記本。

　　「年度轉移」除了建立明年一月的月誌，更重要的是檢視這一年使用子彈筆記術的狀況——生活是否變得更有條理？還是一樣忘東忘西嗎？日誌或月誌使用的狀況？現在使用的「群組」分類是否適合自己？

　　每過完一年或是用完一本筆記本，筆記技巧都會在無形中慢慢進步，甚至可能開發出自己的獨特風格。這也是一個好機會來總結「靈感筆記」，將過去曾經湧現的靈感重新審視。你會發現自己其實是個很有創造力的人，當這些累積的靈感拼湊起來時，可能

會有令人意想不到的收穫。

📌 子彈筆記術特性（★表示適用 / 推薦程度）

上課	演講 / 講座	社團	生活記事
★★	★★	★★	★★★

優點	注意事項
1. 記錄快速。 2. 各種場合皆適用。	1. 須定期整理（轉移）。 2. 規則較複雜。

3-4

筆記術進階技巧

♥ 主動式筆記

前面提到筆記是一種人生整理術，其意義遠超出單純的抄寫。要做到這一點，必須讓筆記成為「主動」的武器。

對於學生筆記來說，**第一個方法是在每堂課的筆記「列出 3 大重點」**。為什麼是 3 個重點呢？以每堂課 50 分鐘來說，大約 15 到 20 分鐘可以講解一個重點，每堂課下來大約可以覆蓋 3 個重點。

怎麼列出這 3 個重點呢。不是直接把課本的標題

寫下來,而是問自己:「在這堂課我學到什麼東西?」

範例:

<2020 ／ 05 ／ 24 第三節歷史課 >

❶ 二二八事件導火線是政府查緝私菸。

❷ 陳儀要求中央政府派兵鎮壓,造成大規模傷亡。

❸ 此事件造成往後數十年深遠政治影響,並成為近年來「轉型正義」運動的重點項目之一。

第二個方法是「寫下自己的感想及疑問」。

很多感想和疑問在當下很深刻,但隔個幾天就忘了,因此當下寫下來非常重要,這樣每次複習時才知道自己哪邊不懂。如果問題解決了,也要把答案寫下來,這樣之後才能隨時複習。

▨ 打造演講筆記

國、高中除了考試很多,演講其實也很多。除了週會、晨會學校會邀請來賓演講,有時假日學校也會舉辦各式講座。

這些演講有的很精采,有的令人昏昏欲睡,但無論如何,我們人都已經坐在那邊了,何不讓自己盡量吸收演講精華呢?聽演講的收穫有時會出乎意料的多,有些

講者相當有啟發性，他們帶來的觀念甚至足以影響我們的人生。

要做到這點，就要有一本「演講筆記」。

聽演講時寫筆記有很多好處，除了記錄重點，也可讓自己更專注。現在大家生活都很忙碌，常常睡眠不足，聽演講時如果不做些事，很容易就會昏昏欲睡。每次演講望過去總是有一大群人在睡覺，相當可惜。

很多時候我們把聽到的重點隨手寫在手邊的紙張上，但這些紙張往往被隨手扔掉，無法保存下來。因此，最好能夠準備專屬筆記本，如果忘記帶，回家後記得把內容歸檔，才能完整保存內容。

除了學校辦的演講或講座，假日參加外面辦的演講也記得帶上筆記本。保守估計，整個中學生涯至少會聽 100 場講座。到中學生涯結束時，翻開演講筆記，你會驚訝於內容的豐富度。

▼ 即時整合補充資料

現在學校老師或補習班老師都很認真，常常補充章節相關資料。高中上課時每天常拿大張小張的資料

回家。但如果沒有收好常常一下就不見了，高三要複習時根本找不到。

　　上課發的補充資料當天回家就要整理，可以跟課本或筆記本夾在一起，這樣順序不會亂掉。如果紙本量太大，可用專門的資料夾存放。掃描、拍照轉成電子檔保存也是一個好方法。

　　這些補充資料有時當下看沒什麼感覺，但國三或高三複習時再回頭看就覺得重要，因為很多補充資料是統合 3 年的課程，最好妥善保存。

善用 APP（數位化筆記）

　　現在是數位化時代，數位化筆記在職場上已經被廣泛應用。很多學生現在都有平板或筆記型電腦，因此「數位化筆記」也是不錯的筆記方式，而且優點多多：

　　首先，很重要的好處就是「不占空間」。紙本筆記往往需要分門別類，複習時再把它找出來。但數位筆記不管內容再多都可以塞進同一個檔案，需要時再開啟即可。甚至可上傳雲端硬碟，隨時隨地用行動裝置開啟，不受地理限制。

再來，數位化筆記有「**堆疊**」的功能。

例如康乃爾筆記法有「筆記」、「關鍵字」、「總結」三大欄位，使用紙本筆記時必須畫成三區。

但使用數位筆記時可以「一層一層堆疊上去」，將上課抄寫的內容記錄在一個檔案，再開另一個檔案（或直接使用軟體內的堆疊功能）作為關鍵字欄，再開第三個檔案當總結欄，一層一層堆疊上去，不受版面限制，相當方便。

第三個優點就是「方便整理」。電子檔可利用「索引」、「標籤」等方式將各種筆記分門別類，把同一類型或日期的檔案歸在同一個資料夾，之後要調閱就相當方便。

最後一項優點則是可以「上傳紙本筆記」。現在有些軟體或 APP 有開發出「紙本辨識」功能，把一頁紙本筆記掃描或拍照存成電子檔後，軟體可以辨識出字跡並提供「關鍵字搜尋」功能（大部分軟體此功能須付費使用）。如此一來，即使是掃描進去的內容也可輕鬆搜尋，將紙本筆記與數位化筆記完美結合。

推薦 2 個廣受歡迎的數位化筆記 APP——Evernote 與 Onenote。這 2 款 APP 都是由龐大的專業團隊開發，並擁有廣大使用者。軟體本身可免費取得，部分進階

功能須額外付費。網路上有許多這兩款 APP 的使用攻略，市面上也有一些專書傳授 APP 使用技巧，可以深入參考看看。

靈感筆記

是否有時腦海中會閃過一些有趣的想法，但過一會兒又忘記了呢？或突然想到某一題的解法，但忙了一會兒後又忘記怎麼算了？

靈感就像路邊偶爾見到的可愛松鼠一樣，一轉眼就溜走了，要再找到它卻難如登天。因此，我們需要一本靈感筆記，將生活中累積的靈感記下來。

千萬不要小看靈感，它有時會帶給我們莫大收穫。牛頓坐在蘋果樹下被蘋果打到，因而發現萬有引力（雖然是稗官野史）；蘋果電腦創辦人賈伯斯大學時旁聽了一堂字體設計課，得到電腦字體設計的靈感，為蘋果電腦獨樹一格的字體美學奠下基礎。許多成功的商業投資與文學創作都是由靈感所促成，如果讓這些靈感白白浪費，是一件多麼可惜的事！

「靈感筆記」並不需要隨時隨地帶在身邊，那樣太麻煩了。一有靈感，可以先用手機或紙張記下來，

等回家再彙整。國、高中累積 6 年下來，你會驚訝自己想到這麼多天才的點子！

SOP 經驗筆記

生活中有些事情是會一直重複的，如考試、補習、搭車通勤等。**如果能建立出標準作業程序（Standard Operating Procedures, SOP），可為自己節省不少時間。**

以我自己為例，我不是個細心的人，因此每次出門旅行（尤其出國）總是忘東忘西，到旅館才發現忘了帶手機充電線或行動電源，每次要打包行李時都覺得壓力很大，深怕忘記帶到某些物品。

後來，我參考網路上的「旅行用品清單」，並客製化。例如我有一張美國銀行（Bank of America）信用卡，可免海外交易手續費、另外享有 1.5% 消費回饋，就把它列入我的出國行李清單裡。打包行李時，只要翻出 SOP 筆記，看著「checklist」一項一項把東西丟進行李箱就搞定了，不必每次都要從頭開始想。

還有一些事情則是會隨著經驗慢慢累積，如參加過的比賽、玩過的地方、看過的卡通等。**這種情況也適合用 SOP 經驗筆記，而且會隨著經驗累積越來**

越有價值。例如有些老饕或網美會列出自己的口袋餐廳名單，就是一種「SOP 經驗筆記」，隨著經驗值增加，筆記裡的資訊會臻於完善。

3-5

各科目筆記範例

國文科範例

▼ 建議使用：階層式筆記法
- -

以「小說」與「序」兩種文體的筆記為例，設定主題後，運用「層次」將各文體根據種類或朝代分門別類，並用其他顏色的筆（藍色、紅色）加上註記，如「四大奇書」是《水滸傳》、《三國演義》、《西遊記》、《金瓶梅》，這樣就一目了然。

至於字音、字義等非系統性的註解，可直接寫在課文上，例如：況脩短隨「化」→造化，直接寫在旁邊就好，不必另外寫在筆記本上。

109/09/12 國文課

★ 小說

六朝 → 筆記 ⟨ 志人：世說新語
　　　　　　　志怪：搜神記

唐 → 傳奇 ⟨ 神怪‧豪俠
　　　　　　　歷史‧愛情 → 文言‧短篇

宋 → 話本 → 白話‧長篇

元 → 章回 ⟨ 水滸傳
　　　　　　　三國演義　　⟩
　　　　　　　　　　　　　　　四大奇書
明 → 章回 ⟨ 西遊記
　　　　　　　金瓶梅　　⟩

清 → 筆記：聊齋志異
　　　章回：紅樓夢

★ 序

　　　無文本 → Ex：贈序
⟨
　　　　　　　　　　書 ⟨ 序(前) ⟨ 自序
　　　　　　　　　　　　　　　　　　　他序
　　　文本 ⟨ 　　　　　跋(後)
　　　　　　　　　　詩 ⟨ 集序 Ex：蘭亭集序
　　　　　　　　　　　　　非集序 Ex：桃花源序

英文科範例

✎ 建議使用：階層式筆記法

　　國、英文都是相當適合使用階層式筆記的科目，特別是針對某項主題進行比較時。另外可用不同顏色的筆突顯重點或註記。

109/05/20　英文課

★ 不定詞片詞

$\left(\begin{array}{l} \text{To begin with} \\ \text{To start with} \end{array}\right.$ 首先；第一點 = firstly / first of all

$\left(\begin{array}{l} \text{To be honest} \\ \text{To be frank} \end{array}\right.$ 老實說

⇕ finally / lastly

$\left(\begin{array}{l} \text{To be brief} \\ \text{To make a long story short} \\ \text{To put it briefly} \end{array}\right.$ 簡而言之

$\left(\begin{array}{l} \text{To sum up} \\ \text{To conclude} \end{array}\right.$ 總之

★ 單字比較

必需的：

需求度

3. Necessary 一般情況下必需的 Ex: It is necessary for a student to study ha

2. Indispensable 不可或缺的 A good actor is indispensable t a movie.

1. Essential 本質上必需的 Water and air are essential for life. ↳ 100%要有！

數學科範例

▼ 建議使用：子彈筆記術

在課堂上使用子彈筆記術，可以將其功能簡化、調整，例如把要解的題目當成「任務」（‧）、解法當成「事件」（。）、「註記」（－）則寫下寫題概念、自己的心得等。

請記得「註記」很重要，因為同樣的題目隔一段時間再看，可能已經忘記怎麼算了。因此要把自己當下的想法、心得、解題關鍵、解題概念等用「註記」方式記下來，複習才能事半功倍，千萬不要偷懶。

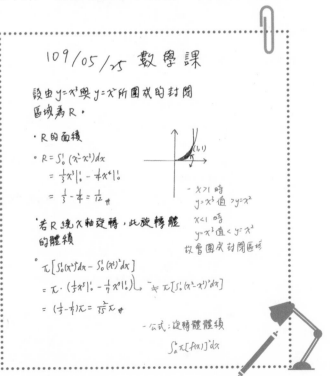

物理科範例

⬙ 建議使用：子彈筆記術

數學、物理等理科都很適合使用子彈筆記術，因比較少像文科有許多條列式、階層化的內容。

除了強調「註記」功能，也鼓勵大家多「畫圖」幫助解題。尤其數學科的幾何、圖形題，物理科的力學、電磁學題，光用「想」的很容易卡住，把圖畫出來對解題會很有幫助。

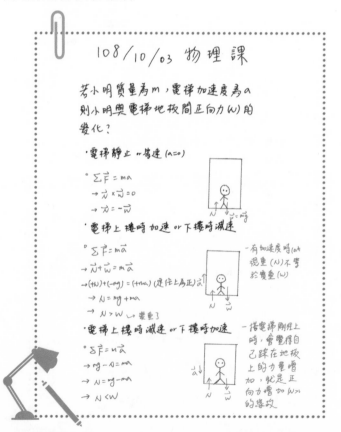

化學科範例

建議使用：階層式筆記法、心智圖

　　某些章節各種概念摻雜在一起容易混亂，用「心智圖」可將各分支用不同顏色標註，或使用圖形代替文字，增加視覺效果。在同一章節裡則可使用階層式筆記法整理細節。

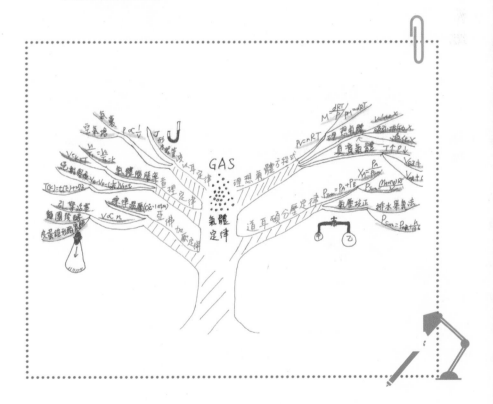

生物科範例

▽ 建議使用：階層式筆記法、心智圖

生物科也常在某些章節摻雜各種東西，但生物界階層關係較為分明（例如界門綱目科屬種、單子葉雙子葉植物），使用「階層式筆記法」或「心智圖」都相當適合。

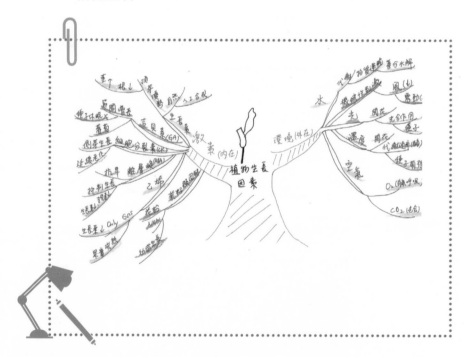

歷史科範例

🔻 建議使用：康乃爾筆記法、階層式筆記法

　　歷史課常常補充一些零碎內容，很適合康乃爾筆記法。上課時筆記抄得雜亂也沒關係，回家後透過這種筆記法可以整理出一套脈絡。這個筆記法重點就是課後要花時間整理，因為左方的「關鍵字欄」及下方的「總結欄」才是精華所在。

　　另外在《不是資優生，一樣考取哈佛》一書裡有提過歷史筆記可善用「時間軸」來表示某一事件的時序演進，視覺效果非常好，可跟「康乃爾筆記法」搭配使用。

地理科範例

▼ 建議使用：康乃爾筆記法、階層式筆記法

地理科性質與歷史科相近，除了自己手繪，市面上也有販售已畫好格子的「康乃爾筆記本」。

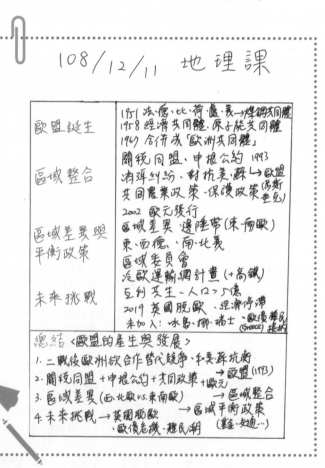

108/12/11 地理課

歐盟誕生	1951 法·德·比·荷·盧·義→煤鋼共同體 1958 經濟共同體·原子能共同體 1967 合併成「歐洲共同體」
區域整合	關稅同盟·申根公約 1993 消弭糾紛·對抗美·蘇 ↳歐盟 共同農業政策-保護政策(馬斯 垂克)
區域差異與 平衡政策	2002 歐元發行 區域差異 邊陲帶(東·南歐) 東·西德、南·北義 區域委員會 泛歐運輸網計畫 (+高鐵)
未來挑戰	互利共生-人口>5億 2019 英國脫歐·經濟停滯 未加入:冰島·挪·瑞士·歐債難民 (Greece)·接納

總結 <歐盟的產生與發展>
1. 二戰後歐洲欲合作替代競爭·平美·蘇坑衡
2. 關稅同盟 + 申根公約 + 共同政策 + 歐元 →歐盟 (1993)
3. 區域差異 (西·北歐 vs.東·南歐) →區域整合
4. 未來挑戰 →英國脫歐 →區域平衡政策
   ·歐債危機·難民潮 (鐵·交通…)

第4章

大學升學考試

memo

4-1

臺灣目前升大學管道

✏ 個人申請

以學測成績向各大學校系提出申請,第一階段以學測分數、英文聽力測驗、術科考試等成績,通過檢定、篩選者,可進入第二階段的「各校甄試」。甄試內容可能包含筆試、面試或術科考試,依各校規定而異。

個人申請重要時程（109 學年度）

108/11	招生簡章公告
109/1/17 ～ 18	學科能力測驗（學測）
109/1/20 ～ 2/09	聯合術科考試（音樂、美術、體育）
2/25	寄發學測及術科考試成績通知單
3/23 ～ 24	個人申請報名（以上為第一階段）
3/31	公告第一階段篩選結果
4/15 ～ 5/03	各校指定項目甄試（筆試、面試）（**第二階段**）
5/11 前	**各大學公告錄取名單**
5/14 ～ 15	錄取學生向甄選委員會登記就讀志願序
5/21	甄選委員會公告分發結果

　　「個人申請」名額有逐年增加的**趨勢**，大部分學生都會透過這個管道入學。錄取學生在 6 月初考完高中畢業考後就可以放暑假了，這會是高中生涯最長、也最開心的暑假。但從學測考完後有將近 3 個月左右的時間，必須忙著準備各校面試及筆試。

⚓ 繁星入學

「繁星入學」與「個人申請」不同，必須由「學校統一推薦」，不像「個人申請」想報名哪間學校都可以。

至於誰能拿到學校的繁星推薦名額，主要看「在校學業成績」，**想獲得繁星推薦資格，在校成績至少要在全校前 50%。**

綜合來說，「繁星入學」管道對於偏遠學校、非明星高中的「在校成績優良學生」較有利，如果你是這類學生，千萬不要錯過這個管道。

如果成功經由「繁星入學」進入大學，那真的很開心！因為早在 3 月就可以確定未來大學去處，不用經歷第二階段各校筆試或面試的煎熬。

不過，**申請醫學系（第八類學群）的學生比較辛苦一點（註：牙醫系即將納入第八類學群），因為得參加第二階段的面試。**

須注意的是經由「繁星推薦」第一至第七類學群錄取的學生，一律不得再報名「個人申請」入學；通過「繁星推薦」入學第八類學群第一階段篩選之考生，不得再透過「個人申請」報名同一所大學之醫學系。

　　這是為了避免這 2 個入學管道名額重複。例如已經通過「繁星推薦」高醫醫學系第一階段，那就不能再拿學測成績經由「個人申請」管道報名高醫醫學系。

📌 繁星入學重要時程（109 學年度）

108/11	招生簡章公告
109/1/17 〜 18	學科能力測驗（學測）
109/1/20 〜 2/09	聯合術科考試（音樂、美術、體育）
2/25	寄發學測及術科考試成績通知單
3/11 〜 3/12	推薦學校向甄選委員會報名
3/18	**公告錄取名單（第一至第七類學群）**
4/15 〜 5/03	各校指定項目甄試（第八類學群）
5/11 前	**各大學公告錄取名單（第八類學群）**
5/13	甄選委員會公告錄取名單

📌 繁星入學八大學群

第一類學群	文、法、商、社會科學、教育、管理
第二類學群	理、工
第三類學群	醫藥衛生（不包含醫學系）、 生命科學、農
第四類學群	音樂
第五類學群	美術
第六類學群	舞蹈
第七類學群	體育
第八類學群	醫學系

⚒ 考試入學

　　「考試入學」比較像傳統的聯考，基本上就看指考成績，考得夠高就錄取，考得不好就請明年再來。

　　不過與聯考不同的地方在於**「考試入學」除了看指考成績，也會用學測成績當門檻**，因為每個系能夠採計的科目有限，例如某些醫學系不採計國文成績，但又不希望收到國文程度太差的學生，就會以「學測國文科成績須達均標以上」當作額外門檻。

📌 考試入學重要時程（109 學年度）

108/11	考試入學招生簡章公告
109/5/19 ～ 28	指定科目考試（指考）報名
7/01 ～ 03	指定科目考試（指考）
7/17	公布各校招生名額（含回流名額）、指考組合成績人數累計表
7/24 ～ 28	網路登記分發志願
8/07	放榜

　　考完指考後，「大學考試入學分發委員會」會公布「考試組合成績人數累計表」，這是大家選填志願時相當重要的參考指標，透過它可以大致看出今年分數相較往年上升還是下降。

　　舉例來說，假設目標是醫學系，若今年題目特別「難」，那麼第三類組五科總和超過一定分數以上的人數就會「降低」。

　　假設去年 440 分可以錄取北醫醫學系，就可以預期今年 440 分不僅穩上北醫，還有機會錄取更前面的志願。

⬟ 特殊選才

這是新的入學管道，目的是為了讓某些領域特強的學生不會因為其他科目不好而被拉下來，以免人才被埋沒。以 109 學年度來說，共有 47 校共提供 1214 個名額給特殊選才管道，短短 2 年名額已倍增。由此可見，「特殊選才」是越來越被重視的入學管道。

「特殊選才」基本上由**各校單獨招生**，各校有自己的報名簡章，包括報名時間、審查方式、放榜時間等各校都不一樣。時程部分約從前一年的 11 月報名，12 月進行書面資料審查、面試或筆試，隔年 1 月各校就會陸續放榜，**完全不需要學測或指考成績。**

如果有某方面特殊事蹟或才能，建議先上網瀏覽各校簡章，或許能找到賞識你的「伯樂」，順利進入夢想學校。

希望入學

　　這是臺大特別提供的入學管道，目的是希望幫助更多「經濟或社會弱勢學生」入學。108 學年度，名額由最初的 30 名增加為每年 40 名，109 學年度又增加為 50 名，預期未來還會繼續增加。

　　由每間高中推薦 2 名「弱勢向上」的學生，透過「書面審查」方式進行篩選。審查資料包括高中歷年成績、校長及教師推薦函、符合弱勢家庭或特殊境遇家庭之證明等。

　　以 109 學年度為例，於 108 年 9 月公布招生簡章，108 年 11 月 20 至 29 日由各推薦學校提出報名資料，108 年 12 月 31 日就放榜。**跟特殊選才管道一樣，完全不需學測或指考成績。**

📌 **大學入學管道總整理**

管道	個人申請	繁星推薦	考試入學	特殊選才	希望入學
審查方式	第一階段學測成績 第二階段各校甄試	在校成績學測分數[a]	學測（門檻） 指考（主要）	依各校規定[b]	書面審查[b]
報名時間	3月	3月	5月	前一年10~11月	前一年11月
放榜時間	5月初	3月中或5月初（第八類學群）	8月初	1月中前	前一年12月底
適合的學生族群	1. 口才好 2. 課外表現優異 3. 想利用學測跨組的學生	偏遠地區／非明星高中「在校成績優異」學生	無特殊課外表現，但學業成績優異	特定領域表現傑出，但整體成績不突出者	清寒／弱勢家庭學生
名額 c	55267	16110	24373	1214	50

a 第八類學群（醫學系）須參加各校第二階段面試。

b 特殊選才與希望入學皆不須採計學測或指考成績。

c 109學年度資料，「考試入學」名額未含其他管道放棄錄取之回流名額。

4-2

認識學測與指考

　　大致了解升大學管道後，可以發現除了「特殊選才」與「希望入學」這兩個名額很少的特殊管道，「大學入學學科能力測驗（學測）」與「大學入學指定科目考試（指考）」依然是一決勝負的關鍵。因此必須好好認識一下這兩個考試。而「指考」在 108 課綱上路後，將從 111 年起改名為「分科測驗」。

⚔ 學測

　　學測重要性與日俱增，各大專院校把越來越多名額放在「申請入學」，所以學測成績往往是勝負關鍵。

　　學測總共有 5 科，分別是國文（含國文寫作測驗）、英文、數學、社會、自然，每科各 15 級分。

📌 學測考試科目與內容（以 108 學年度為例）

科目	國文	國文寫作[a]	英文	數學	自然	社會
作答時間	80 分鐘	90 分鐘	100 分鐘	100 分鐘	100 分鐘	100 分鐘
題型	全為選擇題	非選二大題（皆為題組形式）	單選＋非選題 2 大題[b]	單選＋多選＋選填題	第壹部分 40 題，第貳部分 28 題，共 68 題[c]	皆為單選題
總分	總共 15 級分（各占 50%）		15 級分	15 級分	15 級分	15 級分

a　自 107 學年度起國文科拆為國文（選擇題）以及國文寫作測驗（非選題），108 學年度起國文寫作測驗考試時間從 80 分鐘延長為 90 分鐘

b　英文科非選題兩題分別為中翻英與英文作文。

c　自然科題目可分為兩大部分，第壹部分以高一課程為主要範圍，題幹會明確告知單選或多選。第貳部分以高二課程為主要範圍，須自行判斷為單選或多選題。

　　「級分」計算有點複雜，並不是錯 1 題就扣 1 級分，而是拿原始分數「最高 1%」的考生平均分數為基準分，再均分為 15 等分，每 1 等分就是 1 級分的間距。

　　所以級分是一個「相對」概念，如數學科某年考得比較簡單，要 90 分以上才有 15 級分；另一年考得比較難，只要 85 分以上就得 15 級分。

　　國文科比較複雜，必須先合併國文科（選擇題）及國文寫作測驗的分數（各占總成績 50%），再換算為國文科「級分」，滿分一樣 15 級分。

　　以往學測國文科非選題有三大題，前兩題是簡答題，只有第三題是長篇作文。新的「國語文寫作能力測驗」則改為兩大題，但兩題都是長篇文章，形同要寫「兩篇作文」，因此對學生的國文作文能力的考驗一樣嚴峻。

　　學測分數的作用是**當作個人申請與繁星入學的檢定門檻與篩選方式**，各大學校系會規定第一階段的「錄取名額」與「篩選倍率」，例如臺大醫學系（自費生）往年都要滿級分才能進到第二階段的面試與筆試，如果沒考到滿級分，第一階段就會被刷下來。

　　學測分數的另一項重要性在於當作考試入學的門檻，如某些醫學系在考試入學雖然不採計指考國文分

數，但會要求學測國文科要達到前標，否則指考總分再高也不會錄取。

指考

「指考」全名是「大學入學指定科目考試」，也就是說每個科系都有自己「指定」的考試科目。指考科目共 10 科：國文、英文、數學甲、數學乙、物理、化學、生物、歷史、地理、以及公民與社會。考試時間一般都在 7 月 1 號到 3 號，也就是暑假剛開始。一般而言，指考題目難度比學測高，與傳統聯考比較接近。

指考由民國 91 年開始舉行，取代傳統大專聯考，開辦以來制度沒什麼太大變化，直到 **100 學年度開始取消指考選擇題的「倒扣機制」**。雖然考試入學一樣競爭，至少大家的「帳面分數」變得比較好看，不會有以前一整個大題被倒扣到 0 分的慘劇發生。由於各科平均分數增加，各校系錄取分數也跟著提升。

另一項變革是從 **107 學年度開始，國文科題目改為全選擇題**（也就是指考國文作文已經成為過去式）。這兩項變革對大家來說都是好消息，有助於減輕一些

考試壓力。

指考各科考試時間皆為 80 分鐘，總分皆為 100 分。由於考試時間較短，題目難度較高，因此作答會比學測還趕。

📌 指考考試科目與內容（以 108 學年度為例）

科目	國文	英文	數學甲	數學乙	公民與社會
作答時間	皆為 80 分鐘				
題型	單選 ＋ 多選題	單選題 ＋ 非選 2 大題[a]	單選題 ＋ 多選題 ＋ 選填題 ＋ 計算題 2 大題	單選題 ＋ 多選題 ＋ 選填題 ＋ 計算題 2 大題	單選題 ＋ 多選題
總分	皆為 100 分				

科目	歷史	地理	生物	物理	化學
作答時間	皆為 80 分鐘				
題型	單選題 ＋ 多選題 ＋ 非選 4 大題	單選題 ＋ 非選 3 大題	單選題 ＋ 多選題 ＋ 閱讀題 ＋ 實驗題 ＋ 非選 4 大題	單選題 ＋ 多選題 ＋ 計算題 2 大題	單選題 ＋ 多選題 ＋ 計算題 3 大題
總分	皆為 100 分				

a 英文科非選題 2 大題分別為「中翻英」及「英文作文」。

✎ 學測 vs. 指考比較

	學測	指考
考試日期	1 月底至 2 月初	7 月初
考試科目	國文（包括國文寫作測驗）、英文、數學、自然、社會等 5 科	國文、英文、數學甲、數學乙、物理、化學、生物、歷史、地理、以及公民與社會等共 10 科
總分	每科 15 級分，總級分 75 級分	每科 100 分
考試範圍	高一、高二（不分類組）[a]	高一、高二、高三（區分第一、二、三、四類組）
試題難易	較簡單	較困難
報名人數	約 14 萬人	約 5 萬人
錄取名額	個人申請＋繁星入學約 7 ～ 8 萬名不等	考試入學約 2.5 萬名（不含回流名額）[b]

a 自 107 學年度起，學測國文科與英文科考試範圍將納入高三上學期內容。

b 回流名額是指於個人申請與繁星入學管道中未使用之名額（如已錄取學生放棄錄取資格等因素），考試入學時會把這些未使用名額加回去，因此考試入學的實際錄取名額會更多。每年報名人數與錄取名額皆會有所變動，請參閱當年考試簡章。

4-3

近年大學考招制度變革

　　近幾年是大學考招制度變革的關鍵期，原因是「12 年國教課綱（108 課綱）」於 108 學年度上路，因此考招制度也有相對應的變化。

　　統整這些變革，大概可分為三個重點：

❶ 大學入學測驗改革（學測與指考）。

❷ 採計高中學習歷程。

❸ 延後個人申請與繁星計畫的申請時程。

大學入學測驗改革（學測與指考）

大學招生聯合委員會目前決議是縮減考試科目，減輕考生負擔，同時改變原本申請入學與考試入學的成績採計方式。

首先，108 年度起學測由 5 科必考改為自由選考，可以自由選擇要考的科目，且大學各科系**最多只能同時採計學測 4 個科目**的成績。

也就是說，考生不需要 5 科全考，只要考國文、英文、數學，或是國文、英文、數學加上自然或社會二選一等 3 到 4 科就好，端看你的目標科系而定，比起原本的學測少了 1 到 2 科。

而 111 年度起，考試總科目從原本的 6 科（國文寫作單獨算一科）增加至 7 科，數學拆成數學 A 與數學 B 兩科，一樣採 15 級分等第制。

至於指考，從 **111 年度起考試科目從原本的 10 個科目縮減成 7 科**（保留數學甲、物理、化學、生物、歷史、地理、公民），至於國文、英文、數學乙這三科因為學測已考過，指考將不會再考，以減輕考生負擔。指考計分方式將由大家熟悉的「百分制」改成 45 級分制。

改成級分制的原因，大考中心是說因各科難度不

同，分數高低可能落差很大，使用百分制直接相加可能讓某些學生吃虧，尤其是許多科系都有特定科目加權的計分方式。使用換算過的級分，較能校正各科平均分數高低不一的情形，讓分數計算更公平。

但是，**考試入學將從原本「只採計指考成績」變成「同時採計學測成績加上指考成績」**，也就是說，學測成績會直接影響考試入學結果，不像現在學測成績只當作考試入學的門檻（例如某些科系要求國文科要達到前標）而已。也就是說，如果學測國、英、數考差了，可能會連累指考後 7 月「考試入學」的總成績。

大考中心將於 109 年 4 月與 110 年 9 月舉行全國試考，試考對象將涵蓋 108 年 9 月入學的高一新生（也就是 108 課綱第一屆學生）。屆時大考中心根據學生試考情況，可能會再作微調。

▼ 採計高中學習歷程

107 年學年度開始已經有一些校系試辦參採「學習歷程資料」。而自 111 學年度開始，教育部將規定大學校系在「申請入學」第二階段強制納入高中學習歷程，占分比例各校系可自行調整，但高中學習歷程

加上「各校自辦筆試或面試」，占第二階段甄試總成績「至少 50%」。也就是說，「高中學習歷程」占甄試總成績大概不會低於 25%，甚至可能遠高於此。

「高中學習歷程」採計高中全部 6 個學期的修課紀錄，以及學生各項課堂、課外表現。學期成績將由學校統一匯入「全國系統」，而且不侷限「國、英、數、物、化、生」等主科，連美術、體育、家政等科目及其他選修科目都會一起匯入。

除此之外，有些資訊相關科系在「申請入學」的第一階段，也參採「APCS 大學程式設計先修檢測」成績。以 109 學年度為例，共 38 個校系（如交通大學資工系、中央大學資工系、資管系等）提供 91 個名額給「APCS 組」，考生可用 APCS 成績加上學測成績，報名申請入學。APCS 每年舉辦 3 次考試，分別在 1、6、10 月，建議欲申請資訊相關科系的高中生要參加這個測驗（詳情可參閱 APCS 官網：apcs.csie.ntnu.edu.tw）。

延後個人申請與繁星計畫的申請時程

大學招生委員會希望讓「申請入學」時程逐年延後，讓大家能完整學習高三課程。

從 108 學年度起，申請入學（包括個人申請與繁星計畫）時程就已經開始微調，整體相較 107 學年度約延後一週；109 ～ 110 學年度，「個人申請」將再延後半個月，從 3 月底改為 4 月中報名。「繁星計畫」報名時間則從 3 月中延至 3 月底。

到了 111 學年度，「個人申請」將延至 5 月初才開始報名，「繁星計畫」則從 3 月底延至 4 月中；至於「考試入學」則是 7 月初考指考 8 月初放榜，與現行「考試入學」時程差不多。

簡單地說，就是學測與指考時間不變，考試入學時間也不變，但申請入學（包括個人申請與繁星計畫）時間延後。

另外，已實施數年的「繁星計畫」與「特殊選才」入學管道則維持不變，讓偏鄉弱勢學生及特殊才能的學生有機會進入一流大學就讀，避免頂尖大學學生來源過度集中於明星高中或私立貴族學校。

相關規定可能會隨「大學招生委員會聯合會」每年的決議而有所變動，因此請務必參閱當年度的招生簡章，並注意教育部最新公布的訊息。

📌 近年大學考招變革

項目	時程	主要內容
學測、指考制度改革	108 學年度	1. 學測由 5 科全考改為自由選考。 2. 大學各科系最多只能同時採計 4 科成績。
	111 學年度	1. 學測數學科將分為「數學 A」與「數學 B」。 2. 指考由 10 科縮減成 7 科，每科分數由百分制改為 45 級分制。 3. 「考試入學」將同時採計學測與指考成績。
採計高中學習歷程	107 學年度	開放部分科系採計學習歷程。
	111 學年度	「申請入學」第二階段強制納入高中學習歷程。
延後個人申請／繁星時程	108 學年度	相較 107 學年度，約各延後一週。
	109～110 學年度	1. 「個人申請」報名時間從 3 月底延至 4 月中。 2. 「繁星計畫」報名時間則從 3 月中延至 3 月底。
	111 學年度	1. 「個人申請」延至 5 月初報名 2. 「繁星計畫」報名時間從 3 月底延至 4 月中。

4-4

個人申請備審資料／高中學習歷程檔案

考完學測後，接著透過「個人申請」報名大學科系，在通過第一關學測級分篩選後，接下來會進入各校的「第二階段甄試」。如果是報名「繁星計畫」的「第八類學群」（醫學系），一樣也需要第二階段的面試。

甄試一般可分為兩大部分，即「書面備審資料」及「面試」（有些學校會加考筆試）。

書面備審資料

項目	內容	備註
高中成績證明	高中修課紀錄、學分、成績、排名百分比。	由各高中教務處上傳。
自傳	成長背景、個性與興趣、申請動機，以及學業成果／課外表現。	大部分科系會有字數、格式限制。
自我陳述／讀書計畫	申請動機、大學 4 年規畫、畢業後希望從事的工作。	
多元表現	參加之校內外活動、擔任班級或社團幹部、志工服務、各種比賽之成果。	部分科系會要求證照、英文能力檢定等。
個人作品	如美術、音樂作品。	視科系性質而定。
其他項目	依大學各科系要求而定。	如師長推薦函。

接下來就說明書面備審資料的準備重點。

自傳

　　自傳是比較多人苦惱的部分，畢竟大家可能都是在申請大學時才寫人生第一份自傳，不知從何下筆。不要太緊張，寫自傳還是有一些脈絡可循，只要掌握這些架構與原則，寫出來的品質就不會太差。

一般來說，自傳架構大概是：**成長背景、個性與興趣、申請動機，及學業成果／課外表現。**

❶ 成長背景

讓教授簡單認識你，不需要講得太詳細，大概帶過就好。例如：「我生長於一個管教嚴格的家庭，父親是軍人，母親是中學教師。」千萬不要把祖宗十八代都寫進來，不僅浪費篇幅，也會消耗教授的耐心。評審教授對學生家庭背景基本上不會有太多興趣，只要大概了解就好。

如果有特殊經歷，可以利用這段凸顯出來。例如你來自中低收入家庭、隔代教養、家庭遭逢巨變等等，弱勢的成長環境可以替你爭取同情分數，因為教育條件可能比別人差，起跑點不公平。但千萬不要為了爭取同情分而捏造事實。

❷ 個性與興趣

這是要突顯個人特色，盡量將自己勾勒成目標科系喜歡的對象，這可能有些虛假，但也很現實。

首先是「個性」：你是個怎麼樣的人呢？活潑好動、熱情陽光、多愁善感？這沒有所謂的標準答案，

因為每個人個性本來就不同。但**要注意，描述的人格特質最好不要與目標科系特質相差太多。**

每個科系都有自己的屬性，有的特色比較鮮明，例如醫學系、社工系等需要常常與人群接觸的科系，個性最好是「喜歡與別人互動、溝通」，不要太沉默寡言或冷漠。

如果不喜歡與人群接觸能不能當醫生？當然可以。像病理科、影像醫學科、核子醫學科等科別都不需要直接面對病人，也可專做醫學研究，即使個性內向，還是可以過得很自在。但醫學系傳統上不喜歡收這類學生，因為大多數科別還是要常面對病人，個性太內向，進臨床後容易適應困難。

而個人興趣與專長，這又分為學業相關以及生活方面。

學業上最好能帶出與申請科系的關聯性，例如申請生命科學系或醫療相關科系，對「生物」有興趣有加分效果；申請機械系，大部分應該對機械、零件有一些興趣，否則不會想申請。

生活方面的興趣要著重展現「均衡發展」，沒有什麼侷限，但建議至少要有一項興趣，以免會有整天都在讀書、書呆子的感覺。需要注意的是，看書、看

電影、追劇這些興趣太廣泛、平凡，因此並不適合特別列出來。

❸ 申請動機

這部分是自傳的重點，尤其如果該科系沒有要求繳交「自我陳述」或「讀書計畫」的話，一定要在自傳中帶出申請動機。順序放在「學業成果／課外表現」之前或之後都可以，沒有一定，只要看起來通順就好。

申請動機不一定要很酷炫，不是每個人都有精采的故事，動機只要「合情合理」就可以。**如果能夠把一些「點」串成「線」，就可以讓動機看起來更有說服力。**例如小時候喜歡玩機器人等玩具，國中參加機械展或機器人展覺得眼界大開，高中時參加某大學機械系辦的「機械營」，因此確立了要報考機械系的志向。

要如何進一步加強動機的合理性？這就關係到「學業成果／課外表現」了。

❹ 學業成果／課外表現

在這部分可以大肆宣揚豐功偉業，但一定要有重

點與主題，並不是把所有獎項都放上去。太久遠或太瑣碎的成果就不要放，否則容易失焦。

這部分的內容有兩層意義。首先是**透過申請科系相關領域的優異表現，說服教授你是該科系的適合人選，並進一步合理化動機。**

延續前一段機械系的例子，例如在某個「機器人競賽」中組隊並贏得獎項，或是在某大專機械營中表現優異獲頒獎狀，這些都能證明你不只是很有興趣，而且有能力鑽研這領域。對大學教授來說，他們想收兩種學生：有興趣及有能力的學生。**如果兩項兼備，那雀屏中選的機率就大增。**

第二層意義則是展現出你是個興趣廣泛、能文能武，並具有關懷精神的青年才俊。

近年來全世界教育的趨勢都是培養具有人文素養的全方位人才，而非只會考試拿高分。因此，有讀書以外的興趣非常重要。最理想的狀況是長期經營某項興趣，並且有優異表現。例如在全國小提琴比賽中獲獎，或在全國中學運動會某個項目得名。**沒有相關得獎紀錄也沒關係，至少要表現出「參與感」**，例如參與一些藝文活動、講座甚至營隊也好，用行動證明自己的興趣。

　　如果仔細看美國各頂尖大學新生的條件，會發現只有考試成績高（ACT ／ SAT）是不夠的，每名學生都有其他方面的傑出表現，例如音樂、美術、體育、舞蹈、繪畫，或電腦工程方面。

　　此外，「志工經驗」幾乎是不可或缺的。當志工不僅是課外活動，更是展現同理心、幫助他人的表現，被視為中學生必備的經驗與素養之一。有些學生在家庭支持下甚至能主辦一些募款、志工活動，甚至創立 NGO 組織。我們不需要做到這種程度，但有一些志工或慈善活動的經驗，絕對有益而無害。

　　有些學校要求自傳最後一段寫「對大學 4 年的規畫」，建議可以先上網查閱該科系的核心課程（大部分都會公布在學校網頁），看看哪些自己比較有興趣，稍微著墨一番，讓教授知道你有先做功課。再加上社團、課外活動，或參加交換學生、出國留學等計畫，就構成了完整的未來規畫。這部分請詳見後面「讀書計畫」的段落。

📌 自傳架構重點整理

項目	內容
成長背景	家庭環境、大致求學歷程。
個性／興趣	讓教授大致認識你，例如個性、有哪些興趣嗜好，順便替「申請動機」埋下伏筆。
申請動機	描述成長歷程為何會想要申請這個科系，有哪些關鍵因素或事件。
學業成果／課外表現	這段是支持為何你適合就讀這個科系，有興趣當然很好，但有相關優異表現更能説服教授。

✏ 自傳常犯的失誤

以上是自傳大致架構與內容，還有幾個大家常犯的錯誤需要注意：

❶ 注意校系規定

很多大學科系會有自傳相關規定，因此第一個原則就是「查閱自傳規定」，有些科系規定字數、格式，有些則是會限定自傳內容。**大家常犯的第一個錯誤就是「未注意科系規定」**，例如字數限制 1000 字，你卻寫了 2000 字，一開始就會被扣分。或者科系都已經提供寫作指引了，卻未按照指示內容回答。

例如逢甲大學「國際經營與貿易學系」就列出審

查重點：

一、個人資料表

二、個人背景、興趣、專長

三、申請動機

四、特殊經歷或表現

五、對國貿系的了解

除此之外，該系還列出「自傳寫作指引」：

一、請說明妳／你的哪些人格特質適合就讀國貿系，或妳／你目前做了哪些就讀國貿系的準備？

二、妳／你為何選擇國貿系？請具體說明為什麼想要申請本系？（因為什麼背景、或事件等）

三、妳／你認為國貿系與商學院或管理學院其他科系的差別為何？

四、妳／你畢業後希望能具備哪些能力？

五、妳／你在高中期間是否已有設定未來的目標？要如何準備以達成所設定的目標？

像這樣的規定就很明確，只要按照學校的指引回答即可，架構很好掌握。如果有其他想補充的內容，可以在回答完科系的問題後再補充。

❷ 抓大放小，切中要點

自傳猶如名片，目的是幫助評審教授在最短時間內認識你，所以最好能在有限篇幅大致勾勒出你的學業表現、興趣、個性、經歷等各方面。想像一下今天你是教授，只有 30 秒去讀一篇自傳，你會想看到什麼樣的內容？

大家常犯的第二個錯誤就是「寫流水帳」。例如要表達為申請數學系做了什麼準備，可以列出參加了哪些數學競賽、做了什麼研究（例如科展），以及得到了什麼成果。注意不要描寫太多不必要的細節，例如參加某次比賽時跟誰搭配、過程中發生了什麼事、有什麼小插曲。除非這個細節是比賽勝負關鍵，或影響你人生方向的重要事件，例如參加某次科學營時與大師對談，受到啟發讓你下定決心要往物理界發展。

如果在 30 秒內無法讓教授勾勒出你的面貌（包括興趣、個性、表現），或看不出來你為何想念這個科系，這就是一篇失敗的自傳。

❸ 語意明確、積極，內容重於文藻

自傳的目的是讓教授覺得「這學生很適合念我們科系」，不是作文比賽，言之有物才是重點。除非是

申請中文系，否則不需要把字句寫得多華美，只要把文章寫得通順就好。**語氣方面最好顯得積極、主動一些**，自傳最忌諱語意不明，避免使用「可能」、「或許」等不確定的詞彙。

以「大學未來規畫」為例，例如「我預計大一專注在修課上，建立良好基礎。大二開始進實驗室跟教授做專題研究，目標是在大學畢業前能在國際期刊上發表論文」。而非「我可能會在大二或大三時進實驗室做專題，或許能在大學畢業前在國際期刊上發表論文」。

教授想看到的是有一個有企圖心、執行力的準大學生，而非一位對自己前途一片茫茫，不知道自己想做什麼的少男／少女。

❹ 誠實是最高原則

不管自傳寫得好不好、你優不優秀，都千萬不能竄改事實。學術界最注重誠信，只要被抓到有造假嫌疑，肯定馬上出局，還會留下不良紀錄。

這不僅是在大學面試才如此，目前的國際學術界，只要公開發表的論文有一絲絲造假，學術生涯就毀了。所以客觀的事實不能隨意更改，**參加過的比**

賽、各項經歷、學業成績、家庭背景等客觀、可供查證的事實，都不能造假。如果比賽得第 3 名就是第 3 名，沒得名就是沒得名，不要竄改名次。

千萬不要抱著僥倖心態，覺得「教授應該不會發現吧」。因為面試官有很高的機率會針對自傳內容提問，尤其是一些特殊事蹟或優異表現。一但被質問，很容易被揭穿。

唯一能夠小小不誠實的地方就是「動機」。大家念某些科系的原因不外乎「因為熱門」、「以後能賺錢」、「因為爸媽叫我念」、「考上就是囂張」、「不小心分數考太高」等，這些你知我知大家都知，但就是不能說得這麼白。

還好動機是主觀想法，別人不能說你錯，只要理由別互相矛盾就好。 例如你說想念醫學系的原因是「喜歡跟人接觸」、「擅長與人溝通」，結果自傳又寫自己「個性沉默寡言」，那就自打嘴巴了。

❺ 自傳的進階技巧

掌握以上原則，自傳內容就臻於完善了，以下是一些讓自傳更漂亮的技巧。

首先是「善用標題」。前面提到自傳的四大架構，

在每個段落前可以加上一些標題，讓教授更易閱讀，例如「參與志工活動　體悟貧童悲痛」、「參與機器人競賽　發掘人生志趣」，讓教授在一開始就了解該段重點，不僅讓文章更鏗鏘有力，也讓面試官更容易吸收內容。

其次是「**圖像化**」。俗話說得好，一圖二表三文字，比起密密麻麻的文字，圖表讀起來總是較賞心悅目。因此可將一些文字內容圖像化，或是做個統整，在視覺上有加分效果。可放上比賽領獎、當志工等比較重要的照片，玩樂相關的照片就比較不適合。

例如將自己高中參加的課外活動與優良事蹟統整成表格：

年級	參與活動	優良事蹟
高一	淨灘志工	
高二	外文營	營隊英文即席演講第一名
	生物奧林匹亞競賽	進入複選
	僑光盃英文演講比賽	第三名
高三	中區科展	佳作
	旺宏科學獎	佳作

⬙ 自傳實例分享

　　以下是我高三時準備推甄醫學系，還有後來申請住院醫師所寫的自傳部分內容：

（→開頭先破題，說出自己的目標）

我是曾文哲，目前就讀國立臺中一中三年級，現在的我對於即將到來的大學生涯感到相當期待，能夠學習醫學知識並用以服務民眾是我的理想！

自由成長環境，追隨姊姊腳步（→每段可加標題，更易閱讀）

我從小生長在公教家庭，父親是公務員，母親是國中教師，姊姊目前在臺大醫院擔任住院醫師。父母並沒有要求我們要從事什麼行業，跟姊姊一樣想選擇學醫這條路，是因為喜歡與人互動，很享受幫助別人的感覺。

課外活動，陶冶身心（→除了課業，其他興趣或經歷可替自己加分）

除了課業，我也對音樂及運動方面頗有興趣，平常會勤練薩克斯風，也參加學校的網球隊，那些與同伴全國各處征戰的情景，至今仍是美好回憶。

擔任急診志工，面對生死離別（→要有一段文字明確帶出申請動機，且邏輯要通順，不可太牽強）

高二升高三的暑假我報名署立臺中醫院的急診室志工，看到了與平日學校截然不同的場景。每次上工都覺得熱血沸騰，卻也感到焦慮不已。在急診室工作的二個月目睹許多生死離別、人情冷暖，也看到急診醫師的豪情壯志，激發我許多對於人生的省思。急診室的志工經驗讓我對「醫學」這條路更為堅定，期許自己將來能運用專業知識幫助受苦受難的民眾們。

✏ 自我陳述／讀書計畫

除了自傳，部分大學科系會要求學生繳交這個項目，大家可能對這份文件可能又更陌生了。事實上，這在歐美的大學相當普遍。**自傳大部分是介紹「個人背景以及過去經歷」，自我陳述／讀書計畫更著重於「申請動機及未來規畫」。**

「自我陳述」是從英文 Statement of Purpose（SOP）翻譯過來，翻成中文字面上不是那麼直觀，但看英文應該就很容易理解這份文件的目的。如果科系對這兩份文件的格式有要求，當然就以學校的規定為主；如果沒有，就依自己的架構來寫。

📌 自我陳述架構

一、申請動機	1. 例如受到某堂課或某事件啟發。動機相當主觀，沒有對錯，但若能用客觀事實佐證更有說服力。 2. 動機一定要出自於「興趣」，而非現實利益考量，若寫「這領域大學畢業好找工作」、「將來可以賺很多錢」，反而會讓教授留下不好印象。
二、準備過程	例如高中修過哪些課程（特別是該領域相關的選修課程）、參加過哪些比賽，展現自己長期的努力。
三、討論自己的優缺點	1. 例如物理很好，參加某比賽得獎、參加過相關活動（例如科學營隊），因此是物理系新生的理想人選。 2. 可以提出自己的缺點或失敗經驗，並討論未來改進的方法。
四、未來計畫與展望	1. 上大學後想修什麼課、參加哪些活動，或進實驗室希望做什麼研究主題。 2. 這部分是關鍵，可看出申請人對這個科系了解多深入。 3. 提出的計畫越具體越好，不能只寫空泛的口號，容易被看破手腳。

　　如果科系要求繳交「讀書計畫」，那「未來規畫」的部分要比「自我陳述」更詳細。一般來說，同一個科系只會要求交「自我陳述」或「讀書計畫」兩者之一，不會兩個都要。

　　但大部分學生會同時申請多個科系，有的科系要

求前者，有的則是後者，很有可能這兩份文件都會用到。

讀書計畫架構

一、大學四年課程規畫	1. 先上學校網站看一下大學課程，包括系上必修、選修跟通識學分等，掌握課程內容。 2. 注意學分上限，不要講得太天花亂墜，每堂課都想修。 3. 除了修課，也可加上考取專業證照、外語測驗、做研究專題等規畫。
二、學校資源	1. 簡單說明如何運用學校資源，例如臺大圖書館會定期開設英文學術論文寫作課程、臺大計資中心有開網頁模版製作與管理課程等。 2. 可以展現你對這所學校的了解，好消息是大部分資訊學校網站都查得到。
三、大學社團及課外活動規畫	1. 上了大學當然不能只讀書或做研究，課外活動也是重點。 2. 展現自己的興趣即可，這部分沒有對錯，太玩樂性質的不須特別寫出來（夜唱、夜衝、夜遊等）。
四、大學畢業後規畫	1. 因為距離畢業還很遙遠（都還沒入學呢），所以只要講個概念就好。 2. 常見範例包括繼續攻讀研究所（對學術研究有興趣）、進業界工作（與該科系相關的職業）、赴國外留學等。 3. 可以看出你對該科系職涯發展的了解，最好先查一下資料，不要亂寫。

多元表現、個人作品

多元表現也是「備審資料」的重點項目，可放上自己擔任班級、校級、社團幹部證明、參加各種比賽的獎狀，擔任志工與參加課外活動的證明。最好按領域分門別類，看起來比較整齊。

前面在「自傳」或「自我陳述」也會提到課外活動，但前面比較像節錄精華，篇幅有限，只能提到跟申請動機有關的優異表現，這邊則比較詳細一些。

如果有跟申請科系不同領域的優異表現，記得也要放上來。例如你申請物理系，但曾在高中全國繪畫比賽得名，這樣能證明你是個通才、興趣廣泛，具有人文藝術涵養，會有很大的加分效果。

個人作品則依各科系規定而定，如果是藝術類科系，通常會要求附上個人作品。申請非藝術類科系一樣可以附上，原因同前。

其他指定項目

像是臺灣學生比較陌生的「師長推薦函」，過去很少大學會要求這份文件，在歐美大學的入學申請卻

相當重要。

自傳或自我陳述是從「自己」的角度描述自己，推薦函則是「別人」描述你，有人願意為你背書，學校印象分數自然高很多。

大家碰到的第一個問題就是——要找誰寫呢？

推薦人的首要條件是對你夠熟悉，因為推薦人與你越熟，內容可以寫得越具體，可信度才高。例如「小明是一名積極的學生，熱心公眾事務」這種非常綜合性的形容，就遠不如「小明做事相當積極，且熱心公眾事務。印象深刻的是有次舉辦校園園遊會，每個班級要負責兩個攤位，小明自願擔任活動總召，協調同學分工，最後活動相當成功」的寫法。

因此，**第一個理想人選是班級導師**，畢竟導師跟學生的互動比較頻繁、相處時間長，對學生的個人特色會比較了解。

其次，可以找申請科系相關領域的老師，以證明你在該領域的表現。例如申請化學系，化學老師在推薦函中可以敘述你在化學方面有什麼傑出表現，像是修課成績優異、課堂表現積極、參與科展表現優異等。當然前提是你要在該領域表現不錯，否則老師就算想幫你美言，可能也想不到內容好寫。

　　推薦人不一定非得找學校老師，也可以找參加課外活動認識的師長、甚至參與志工活動的長輩。不過心裡要知道這名推薦人可以幫你突顯哪些優點，例如科學營的老師可以證明你在營隊表現優異，有科學方面的天分；志工活動的老師則可以幫你美言「樂於助人」的情懷。

　　基本上學校都會清楚規定推薦函要寫幾封，推薦函數量並非越多越好，重點是要言之有物。若內容空泛、看起來像罐頭信（內容也可以套用在別的學生上），則完全沒有加分效果。

　　另外，請預留一些時間給老師準備。這是很基本的禮節，但還是有很多人忽略。老師們平常要上課、備課、改考卷、出題，而且大家都擠在差不多的時間申請，老師很可能會忙不過來。建議至少在高三寒假前就向老師提出寫推薦函的需求，至少老師可以利用寒假的休息時間撰寫。

高中學習歷程檔案

　　「學習歷程檔案」就相當於現行個人申請第二階段的「備審資料」，是 108 課綱的重點改革項目。

　　111 學年度起，教育部將**強制各大學在「個人申請」納入學習歷程檔案作為評分項目，且須占一定比例的分數**。也就是說，未來「高中學習歷程檔案」將取代現行的「備審資料」。

　　「高中學習歷程檔案」包含學生基本資料、修課紀錄、自傳、課程學習成果、多元表現、大專院校要求之其他資料。

　　在「多元表現」部分，內容涵蓋各種校內外活動、志工服務、競賽成果、幹部經歷、檢定證照等，每學年最多可上傳 10 件。班級幹部、校級幹部、學校社團幹部等證明則由學校統一上傳，不在這 10 件的範圍內。

　　提出申請入學時，每學系至多參採「課程學習成果」3 件、「多元表現」10 項，以及字數上限 800 字、圖片上限 3 張之綜合心得一份。

　　學生可自主檢視、選擇檔案並匯出送交志願科系

審查，自己可挑選不同檔案給不同屬性的科系，使用上相當方便。

📌 高中學習歷程參考項目

項目	內容	備註
基本資料	學生基本資料（如年齡、性別等）。	由學校統一上傳教育部檔案庫。
修課紀錄	在學校修過的課程內容、課程學分數、修課成績等。	
自傳	可含自我陳述（SOP）、學習計畫等。	
課程學習成果	例如美術作品、學習報告、小論文等等跟課程相關之成果。	大學科系採計上限為 3 份成果。
多元表現	參加之校內外活動、擔任班級或社團幹部、志工服務、各種比賽之成果等。	大學科系採計上限為 10 項。
其他資料	依大學各科系要求而定。	

「**高中學習歷程**」**由於採用教育部中央資料庫，因此設有防弊機制**——首先是提供「內文抄襲比對功能」，防止學生共用作品或惡意抄襲他人。其次，學校必須於每學期或每學年上傳教育部規定的資料，防止高三下準備申請時不當回溯修改資料。此外，資料庫也對學生作品、幹部證書等設有檢核機制，防止學校濫發幹部證書，或讓「並列第一名」人數過多等情形發生。

　　綜合來說，「**高中學習歷程**」**在設計上是較公平的評比方式**，有助於讓偏鄉清寒學生避免因資訊不對稱、資源缺乏等因素，在「備審資料」上吃虧。

　　「108課綱」與「高中學習歷程」的實施也讓學校必須參與學生的申請準備，包括學生修課資料與成績上傳、決定校定必修與選修課內容、協助學生上傳課程學習成果等，雖然會增加學校老師的負擔，但能讓學生準備更充分。

　　至於補習班部分，由於「補習」向來是針對解題、課程內容、背誦口訣等「硬知識」加強，「108課綱」上路後將加強題目靈活度與跨科整合能力，減少背誦需求、強調實作與課外活動，加上「高中學習歷程」的認證都是由學校老師執行，因此可預期補習班影響力將不如從前，這也是教育部削減補習班影響力的一項重要策略。

高中學習歷程 v.s. 書面備審資料

差異點	學習歷程	備審資料
修課紀錄	由教育部資料庫統一提供給各大學	自行向各高中申請
製作時間	每學期上傳課程學習成果（如實作作品、書面報告等），須授課教師認證	申請大學前自行製作，時間較趕
格式	較統一	每間大學可能差異很大
多元表現	採計上限為 10 項	依每個科系而定（有的無限制）
防弊機制	有	無

4-5

面試技巧

　　大部分學生在考大學時才面臨人生第一次面試，緊張是很自然的。**隨著面試經驗累積，你會發現其實面試問題都大同小異**，教授們想知道的不外乎：為什麼想來念這個系？為什麼選我們學校？你之前做了哪些準備？你有什麼優點與缺點？

　　面試進行有幾種形式，最常見的是「一對多」，即學生輪流進場，由多名教授輪流提問；有時候則是「小組面試」，多名學生一組，同時回答教授們的問題。這種形式壓力較大，但原則跟單獨面試其實差不多，差別主要在兩點：

第一點是答題順序。「自由搶答」的問題，建議不要搶著第一個回答，除非你對題目很有把握。但也不要每題都最後一個回答，這樣顯得有些被動。

第二點是不要直接攻擊或批評其他學生的論點，比較好的方式應該是「統整」前面學生的論點，並補充自己的看法。

接下來提供一些推甄面試的重點。

注意眼神接觸

眼神接觸在對答過程中相當重要。

想像一下你在跟兩位朋友聊天，其中一位眼睛一直看著你，並頻頻點頭表示贊同與理解，另一位則是一直看著旁邊，你會比較喜歡誰呢？

或者同學上臺報告時，有些人眼神不停掃射觀眾，看起來自信滿滿、游刃有餘，有些人卻低頭照稿念，哪一個你覺得報得比較好？

最理想的狀態是面帶微笑回答教授問題，眼神流轉於各個評審間，顯得自信滿滿。盡量避免從頭到尾只看某個教授（即使他問的問題最多），這樣不僅讓其他教授覺得不被重視，也可能透露出你的緊張。

　　這可以透過練習改善，最好的練習機會就是平常上臺報告時。現在越來越多課程要求學生上臺分享心得或報告，提醒自己報告時眼睛不要一直盯著電腦螢幕，至少要有一半的時間看臺下觀眾，並且要掃射不同區的人。除此之外，最好能加上一些簡單的手勢。

　　要做到這點，就必須對報告內容有一定的熟悉度，最好在家裡先順過一遍，上臺時才不會卡關。如果連下一句要講什麼都想不出來，當然就無暇顧及肢體動作。

　　練習久了就會變成一種反射動作，這樣即使在面試時很緊張，肢體動作仍然會很流暢，不僅能展現從容不迫的姿態（即使內心很緊張），讓教授印象深刻，同學也會覺得你臺風越來越穩。

　　事實上，這不只是為了大學面試，這些說話與肢體技巧在大學以及進職場後會更常用到，早日培養溝通的肢體語言是終生受用的。

⬙ 運用反向思考

　　面試並沒有大家認為的那麼困難，想像一下如果你是大學教授，你會想收什麼樣的學生呢？

　　大部分的人會回答「穿著整齊乾淨」、「面帶微笑」、「回答有條理、邏輯清晰」、「對我們科系有興趣」。

　　沒錯，這其實就是面試你要做的事情。即使平常不是這樣的人，也要假裝一下，面試才短短 10 到 20 分鐘，沒有那麼困難。

　　面試就是一場「回答面試官想聽的內容的過程」，反向思考很重要，在面試前思考一下這個科系的屬性及學長姐提供的經驗，有時連面試官問的問題都會猜中。**在面試中，則要想一下教授問這個問題的目的為何，基本上每一題背後都有其原因。**

　　舉個例子，醫學系在面試時問學生：「你覺得你是個有愛心的人嗎？」要如何回答？

　　教授並不是想聽你回答「是」、「不是」，或扶老太太過馬路、扶弱濟貧，或像史懷哲一樣遠赴非洲行醫的胸懷。醫生畢竟是每天與人接觸的行業，因此必須有基本的人道精神，教授只是想確認你的個性適合念醫學系。

　　回答時可先從自己個性說起，強調自己喜歡與他人相處、樂於助人、再來提到當志工的經驗，最後則帶到希望將來當醫生能幫助更多民眾，這就是回答的基本套路。

⬛ 避免動怒

一般來說，教授在面試中有幾種策略，大部分人是採取穩紮穩打，有條理地問完所有預設的問題，將面試時間平均分配給各題目。

但少部分教授會採取不同策略，例如找到一個感興趣的點就一直問下去，直接省略其他題。

還有一種策略是故意質疑面試者，對你兇巴巴，測試學生的反應。例如「這東西你真的懂嗎？」、「我看你的作品也還好而已」、「這麼簡單的問題也回答不出來嗎？」等。

面試最高原則就是不要口出惡言，當場跟教授吵架。即使你說的話的確有道理，也會顯得情緒控管不當。道理很簡單，如果你是教授，學生當場嗆你，你還會收他嗎？當然不會。

這時候要理直氣和，一一回應教授的質疑。如果不會回答，大方承認也沒關係。高中生的知識水平本來就跟大學教授差很多，問題答不出來是正常的，教授被學生電才是特例。除非教授情緒失控，直接人身攻擊或帶有種族、性別歧視，可以向學校投訴。千萬不要當場動怒，一旦生氣就輸了。

▼ 重點是邏輯思路，不是標準答案

　　面試常問的幾乎都是開放性問題，沒有標準答案。有些考官會拿新聞報導考一下時事，甚至出一些奇奇怪怪的問題。請記得，這些問題都沒有標準答案，**面試官想看的是你的邏輯思路與臨危不亂的態度**，回答什麼都可以，但一定要有你的理由。

　　例如美國某高科技公司面試時就問面試者：「請問全美國總共有幾間加油站？」

　　蛤？又不是面試石油公司，幹嘛問這個問題？

　　但主考官的目的並不是想從你口中聽到正確數字，事實上，他們自己也不一定知道正確答案。**他們想測試的是你的邏輯思路以及臨危不亂的能力。**

　　如果面試被問到不會的問題，每個人都會驚慌。這時，靜下心來，透過歸納、演繹，結合過去經驗，嘗試逼近正確答案，這才是重點。

　　日常生活中我們不知道「正確答案」的東西太多了，很多問題甚至也沒有標準答案。面臨挑戰時的應對能力，才是決定人生勝敗的關鍵。

▼ 跨領域的動機

自從大學升學制度改為多元入學後，就多了一個新現象—— 跨領域人數增加。

以往聯考或現在的指考，要跨組可說難如登天，自然組跨社會組可能還有機會，加考數學乙、歷史、地理、公民與社會即可。但社會組跨自然組要考數學甲、物理、化學、生物等科，幾乎是不可能的事。

但在「個人申請」與「繁星計畫」的階段，要跨組相當容易。因為學測的考試範圍並未分組，不管哪一類組考的都是國、英、數、自然、社會這 5 科，難度也比指考低。

我以前念臺中一中時，有位第三類組（生物醫藥）的同學，考了滿級分後卻申請臺大法律系，最後順利錄取，實現跨領域的夢想。

如果你是這類的同學，面試時很容易會被問：「你不是相關類組出身，為何會申請我們科系呢？」

這並不難回答，**第一部分是「動機」**，例如「就讀這類組是因父母或師長期待，與個人興趣不合」，或「升上高三後發現自己真正興趣不在此」，每個人的動機都不一樣，聽起來合理即可。

　　第二部分則是「**專業能力**」，主考官在意的是如果錄取你，你有辦法應付這科系的課程內容嗎？這部分就需要一些佐證，建議大家一旦決定要跨領域（或有可能要這樣做），最好先在高中選修一些相關課程，或參加相關領域的課外活動，表示自己有做一些準備，並非臨時起意。

A 或 B，你選誰？

　　這題型是面試中最難回答的，考官強迫你在兩種東西中做選擇，魚與熊掌無法兼得，我們只能在夾縫中求生存。

　　第一種類型是學校選擇：你報考了哪些大學？如果 A 大學跟我們（B 大學）同時錄取你，你會選哪所學校？。

　　這問題尷尬的點在於萬一 A 大學排名比較好，你直接回答「B 大學」就違反直覺，而且主考官一定會追問原因；但若直截了當的回答「我會選 A 大學！」也不行，主考官一定會想「你既然喜歡 A 大學，那你今天來面試幹嘛？」如果說「兩間都好」也不行，因為主考官就是要你選擇，這樣等於沒有回答問題。

怎麼辦呢？跟前面一樣的原則，「重點是內容，不是答案」。

運用反向思考，主考官想聽的是「你對這所學校了解多少」，與 A 大學有什麼差別，而你「個人的考量又有哪些」。

可以分析這兩所大學的特性，例如 A 大學排名的確比較前面、畢業生也較受企業青睞，但 B 大學位置較靠近市區、交通便利，學費也比較便宜。雖然兩所大學排名一定有優劣，但還是可以找出各自的優缺點，要闡述你的考量有哪些，而不是只給一個「我會選 A」或是「選 B」的答案。

第二種類型是考生互比：A 學生也很優秀，如果 A 與你我們大學只能錄取一個人，你覺得我們應該要選誰？

這個「A 學生」一般來說不是你認識的人，就是面試同組的學生，通常條件不會輸給你。

我在面試臺大醫院住院醫師時，主考官問我：「你跟 B 在臺大讀書時都是網球隊的，如果你跟 B 我們只能錄取一個，你覺得我們應該錄取誰？」。

B 是小我一屆的學妹，成績比我好、拿了無數次書卷獎，長得又漂亮，球也打得好，一時之間還真的

想不出什麼要錄取我的理由。

這時當然不能直接說：「那我覺得你們還是錄取學妹好了！」

那怎麼辦呢？

這時要把重點放在自己的優點與特質。成績、外表、課外活動這些都輸沒關係，至少可以強調自己的人格特質是適合這裡的，或強調自己對這個領域的熱愛，以及過去做了多少準備。

我當時的做法是先稱讚學妹很優秀，然後再強調自己對這一科系的興趣，以及一些榮譽事蹟（例如讀書時獲得「最佳實習醫師獎」等），營造出「學妹很厲害，但我也有獨到之處，而且我熱愛這領域，因此我跟她一樣適合這個科系」。千萬不要一味批評他人，這只會造成反效果，讓主考官覺得你心胸狹窄、見不得別人好。

避免觸及尷尬話題

回答問題時最好不要主動提起政治、宗教、種族及性別議題。這些議題雖然往往沒有正確答案，但每個人立場常常不同，而且難以改變。萬一教授跟你立

場不同，很容易吃悶虧。例如在回答時順勢酸了一下某個政治人物，但很不幸教授剛好是他的鐵粉，就糗大了。

我在美國留學時，學長姊會提醒我們「不要跟不熟的外國同學討論政治、種族、性別等議題」，除非雙方已經熟識或課業上有需要，否則各國國情不同，容易造成尷尬場面。

如果回答內容需要牽涉相關議題，最好用較為「中立、客觀」的方式回答，例如描述「同性婚姻合法化」造成的社會影響、分析「美中貿易戰」可能導致的經濟影響等，不要使用激進或批判等太主觀的字眼，這樣容易踩到地雷。

如果教授主動提起相關話題，立場又剛好與你不同時，不要跟教授刻意對立或起衝突，因為你不可能當下改變他的想法，這也不會替你的面試加分。

注意自己的不良習慣

很多人在對答時會有語言或肢體上的習慣動作，這些動作往往會造成扣分。像是說話時常每句都加「ㄟ」、「嗯」、「嘿」、「對啊」、「XX的動作」、「這個

樣子」等；肢體部分常見的則有搔頭、一直皺眉頭、不自主抖腳、歪頭、頭過度前傾造成駝背等。

這些習慣動作會影響印象分數，緊張時又容易出現，改善方法是**先透過模擬面試把這些問題找出來，在日常生活中不斷提醒自己修正**。一般來說，這些不好的習慣經過一、兩個月的時間就可有效修正，最重要的還是「先找出這些問題」。

這不僅是為了大學面試，這對日常社交活動、往後各種工作面試等都大有幫助。

⬇ 先準備好問面試官的問題

通常面試的最後一部分是：「你對我們科系有什麼問題嗎？」主考官在禮貌上會詢問學生對這個科系是否有不清楚、想進一步了解之處。

這部分並不會特別加分或扣分，不用緊張，但這是解決心中疑問的好機會，就像找工作時會想知道公司待遇、工作的細節、進修機會等，對該科系有任何疑問千萬不要客氣。

例如很在意大學提供出國交換、雙聯學位，或建教合作的機會。如果該所大學完全沒提供，那就不是

那麼適合你。**這些細節有可能影響你的志願排序，有疑問就要大方提出來。**如果你問的問題很關鍵，或許還有加分效果，代表你對這間學校有很深入的研究，或對自己的未來有審慎的思考。

如果面試時來不及問或一時之間沒想到也沒關係，回家後可以再寄 e-mail 給學校負責招生事宜的單位，多數時候還是可以得到解答。

參加學校模擬面試

許多高中會提供學生「模擬面試」的機會，建議盡量參加。學校老師會模擬真正面試一些常見的問題，面試完也會給你一些回饋與建議，這是找出自己問題的好機會。**熟悉面試流程後，真正上場時就不容易驚慌失措。**

也建議先找「申請過該科系的學長姐」請教，因為**大學師資每年變動不大，擔任面試官的教授名單可能會重複，面試問過的問題也可能一再出現。**學校輔導室那邊都有前幾年各科系錄取名單，可以透過輔導室聯絡學長姐，請他們提供一些建議。

常見面試問題總整理

❶ 請簡短介紹自己（部分科系可能要求使用英文）。

❷ 你平常的興趣有哪些？

❸ 為什麼會想申請我們科系呢？

❹ 你覺得我們科系適合什麼特質的人？你覺得你有這些特質嗎？

❺ 你覺得自己有哪些優點與缺點？

❻ 你覺得你適合我們科系的原因是什麼？

❼ 你對未來 4 年大學生活有什麼期待？

❽ 你覺得目前大學錄取率極高、幾乎每個人都念大學，這是個好現象嗎？

❾ 你知道我們科系未來出路大概有哪些嗎？

❿ 你在高中生活印象最深刻的一件事是什麼？

⓫ 你在高中生活最感到挫折的一件事是什麼？對你有什麼啟發？

⓬ 高中參加過印象最深的課外活動是什麼？你學到了什麼東西？

⓭ 你不是相關類組出身的，為何會選我們科系呢？

⓮ 如果 A 大學跟我們（B 大學）同時錄取你，你會選哪間學校？

　　以上都是常見的面試問題，建議在上場前可以先想過一遍。

　　除了這些綜合性問題，主考官還可能針對自傳、讀書計畫、該領域專業知識提問，可以先做一些準備。尤其如果自傳有提到一些特殊經歷，例如到尼泊爾當志工、家裡遭逢巨變、到國外交換學生等，被挑出來問的機率很高。

第 5 章

給家長的 10 個建議

memo

🖉 1. 為何我的小孩不讀書？

　　最常聽到家長抱怨:「為何我的小孩不讀書？」大家可能忘了自己以前也沒有多愛讀書啊（笑）。這就跟行人討厭車子，但當我們開車時卻又討厭行人一樣，換個立場往往想法就跟著變。

　　很多家長也會感嘆:「以前家裡經濟狀況不好，沒辦法讓我專心讀書升學，現在我辛苦工作養家，可以讓小孩專心在課業上，為何他們還不認真讀書？」但時代背景不同了，以前沒有網路遊戲、Youtube、Netflix、手機遊戲等誘惑，上一代的小孩碰到這些東西，恐怕也會愛不釋手。

　　何況，孩子在青春期面臨的壓力其實更甚成人，自我調控的能力也還未成熟，因此家長要體認到的第一點就是「孩子也很辛苦」。

　　發揮「同理心」是重要的第一步，在這項前提下，才有可能靜下心與孩子溝通，否則容易造成親子關係緊張、最後徒勞無功。

⬙ 2. 培養孩子的閱讀習慣

　　缺乏閱讀習慣，孩子就不可能自動自發讀書。現在的教科書、參考書還是紙本為主，如果平常沒有閱讀習慣，孩子根本不可能乖乖坐在書桌前讀書。連課外書都讀不下去了，何況是枯燥無趣的教科書。

　　最好從小學階段就養成閱讀習慣，否則進入青春期後不容易聽父母的話，又容易受到電腦遊戲、手遊的誘惑，難度更高。**要培養孩子的閱讀習慣，一定要幫他們創造閱讀的環境。**

　　有兩種方法可以試試看，第一種就是買書回家給孩子看。當然不能期待小朋友會自己讀《古文觀止》，可以先提供較簡單、通俗的課外讀物，如《哈利波特》、金庸武俠小說系列、《福爾摩斯偵探全集》都很適合，一定要讓孩子先覺得「有趣」，才有可能繼續讀下去。

　　第二種方法是帶孩子去書店或圖書館看書。記得我讀小學時，爸爸假日要加班，都會帶我們去上班附近的南投中興新村圖書館看書，久而久之就習慣假日要看幾本書。小學高年級後還會去誠品、金石堂書店看書。

現在很多書店都設有童書區，很適合帶小朋友去，而且越來越多書店採複合式經營，設有咖啡館甚至商場，家長即使不看書也不會無聊。

等到小朋友看的書累積到一定的量，就會慢慢發展出自己的興趣。像我小學五年級後特別喜歡歷史書，小六甚至就會拿《蔣介石與希特勒》這種艱澀的歷史書來看。父母或老師並沒有指定任何書籍給我看，但在環境薰陶下自然就發展出自己的興趣。讓我國、高中歷史考試幾乎都是滿分，大學學測社會科也是滿級分。

閱讀習慣對現代升學考試尤其重要，因為學測與指考題目越來越長，108 課綱也強調閱讀能力。學生需要擁有更快的閱讀速度，否則很不利考試作答。

3. 把握青春期的相處時間

青春期是生理、心理變化都很劇烈的時期，孩子在這短短幾年內蛻變成大人，會面臨許多嚴峻挑戰。很多青少年缺乏家庭關愛，在學校萬一又面臨課業、感情、社團等挫折，很容易在損友的慫恿下走偏。

在這時期，**更要花時間陪伴孩子**，至少每天要關心一下學校或社團的事，了解孩子的生活。有些家長選擇在孩子進入青春期時把他們送到國外讀書，如果家長沒有陪同，其實是相當大的賭注。

青春期（國、高中）也是家長與孩子共同活動的最後時期，等孩子上了大學，生活範圍大幅擴增，即使住在家裡，生活重心也會放在學校、社團、男女朋友上，很難像之前一樣跟家長形影不離。

因此青春期是創造與孩子共同回憶的最後一個關鍵時期，千萬不要錯過。

4. 用理解代替責備

青春期的孩子由於環境與身體上的劇烈變動，會對人生充滿不確定感，因此更需要別人的認同。**第四個關鍵跟溝通技巧有關，就是用理解代替責備。**

當孩子表現不如預期時，他們心裡已經很沮喪了，這時家長不該再把他們踢到更底層的深淵，應該要扮演他們紓解壓力的對象。

當孩子在你身上只感受到負面情緒時，他們會想躲得越遠越好，久而久之親子關係就越來越疏離。

這時家長要做的就是「理解」，體認到孩子要把事情做好或克制自己的衝動並不容易。當孩子感受到家長的同理心，才會想說出真心話。當負面情緒能被妥善處理，孩子才有可能繼續努力奮鬥。

✐ 5. 身教重於言教

孩子們最大的老師就是家長。許多家長把孩子不學好歸咎於學校老師教不好，這是完全錯誤的。學校老師每天跟孩子的相處時間有限，而且一次要照顧那麼多學生。相較之下，家長與孩子相處的時間多很多，家長本身的身教才是關鍵。

「反求諸己」是最實在的方法，有些家長不希望孩子說髒話，自己卻常用髒話當語助詞，孩子當然有樣學樣。

況且孩子進入青春期後，神經系統發展漸趨成熟，批判思考的能力大幅進步，會開始質疑家長，這時候父母的缺點會慢慢被孩子看見。例如父母不好的生活習慣，像抖腳、衣服亂扔，或不好的價值觀，如種族、性別歧視等，都會慢慢被孩子察覺。

青春期的孩子開始說父母壞話，並不是他們變壞

了，而是因為他們變「聰明」了。家長往往一開始不習慣，因為平常不會有人跟他們說這些事。

請不要跟孩子吵架，先靜下心想他們說得有沒有道理。這是一個審視自己的好機會，只是這個指出你缺點的人從職場上司、同事、伴侶，變成自己的孩子，但他們並沒有惡意。

面對青春期學業壓力極大的孩子，家長最好避免在孩子接近考試時整天在家看電視、追劇、打電動。如果只是嘴巴上叫孩子讀書，自己在家卻過著頹廢的生活，容易引起孩子不滿。

如果時間允許，最好假日能夠抽出一些時間陪伴孩子讀書。一起去外面的圖書館或咖啡廳更理想，在孩子的房間容易讓他們有被「監視」的感覺，出去散散心也對心情有幫助。

6. 兄弟姐妹一起努力

如果有 2 個以上的小孩，務必讓老大發揮「領頭羊」的功能，「建立楷模」。

兄弟姐妹相處的時間可能比跟父母相處的時間還長，**如果第一個孩子的教育成功，弟弟妹妹們就有**

「模範」可遵循，互相砥礪、成長，父母的教育也可以相對輕鬆一些。

　　現代很多父母都只有一個小孩。如果是這樣，更要多注意孩子的互動。獨生子女在家沒有兄弟姊妹可以分享生活，容易感到孤單，也沒有經驗可供參考，**因此獨生子女進入青春期後更容易感到徬徨無助**，家長務必多留意。

7. 不要強迫孩子學沒興趣的東西

　　家長常犯的錯誤就是將對自己的期望「投射」在孩子身上。例如以前沒機會學鋼琴，於是就希望小孩成為鋼琴高手。看了《魯冰花》後覺得很感動，就叫小孩子去學畫畫。

　　當然父母可以讓小孩多方嘗試，多讓他們上一些才藝或教育類課程，但**必須體認到每個小孩個性與喜好一定有差異，不要強迫孩子學沒興趣的東西**。例如有些小孩接觸足球後可能就愛上它了，有些小孩則是越踢越厭惡。

　　如果嘗試一段時間後，孩子對某項課程還是很抗拒，就不要強迫小孩繼續學。除了效果肯定不彰，

也容易讓小孩產生恐懼，甚至影響親子關係，弊大於利。

每個人的天分都不一樣，有自己的喜好，哥哥姊姊喜歡的東西，弟弟妹妹不一定買單，不能一概而論。千萬不要對孩子說「為什麼隔壁鄰居小孩可以，而你不行」，或是「為什麼哥哥姊姊可以，你不行」等言語，會讓孩子感到挫折。

8. 鼓勵孩子參加課外活動

現在很多大學、基金會、社福團體都會舉辦各式各樣的活動，如科學營、探視弱勢老人、淨灘、生命成長營等，鼓勵小孩多參加這些活動有很多好處。

首先是能減少孩子在家打電動、看電視的時間。小孩如果整天待在家，很難讓他們完全不碰電腦、手機、或看電視。

再來是有助於開發孩子的興趣與潛能。孩子發現自己對於某些活動特別有興趣，之後就會願意多參加類似活動，進而開發自己的興趣與潛能。例如歐美國家有些孩子參加資訊相關的營隊或展覽覺得很有興趣，從小就開始自己寫程式，英國曾有位 17 歲的少

年靠寫 App 就賺進數億臺幣。

現在升學也很重視「課外活動」的經歷，如果完全沒有參與課外活動，在申請大學時很難說服教授自己是個均衡發展的優秀高中生。課外活動沒有優劣可言，重點是學生從中學到什麼東西，才是教授們關心的。

活動結束後，家長一定要跟孩子聊聊參加活動的心得，不僅是為了關心他們，也是幫助他們思考活動本身的意義。

✏ 9. 鼓勵孩子多參加各式比賽

很多同學非常優秀，興趣廣泛，多才多藝，但由於個性害羞或比較被動，沒參加什麼比賽。

可以試著鼓勵孩子參加各式比賽，從事自己的興趣當然不是為了比賽，而是因為享受做這些事情的過程。但是，在國高中階段參加比賽有很多好處。

首先是可以讓「高中學習歷程」更加分，因為在「多元表現」方面需要提出一些佐證。如果孩子的鋼琴彈得非常好，但沒有比賽或檢定成果，很難證明在這方面到底有多厲害。

　　各種學科或才藝類比賽其實相當多，有些比賽是萬中取一，難度很高。但更多時候是參賽者寥寥無幾，要得名並沒有想像中困難。

　　像我國中時就曾參加財政部辦的「租稅常識競賽」，賽前惡補一下相關知識就幸運拿到第一名，獎金豐厚又有禮物可拿，開心得不得了。高中時我也曾一時興起參加科展，雖然作品相當陽春，大概只有國中程度，但在校內比賽竟然獲得評審青睞，勇奪第一名，讓數理資優班的學生恨得牙癢癢（數資班每個人都要參加科展，普通班學生則是自由報名）。

　　其次，比賽過程有助訓練抗壓性。 各種比賽（包括升學考試）其實原則都類似，就是在有限時間內完成指定的東西。比賽時面臨的壓力是很真實的，與平常上課、練習完全不同。孩子參加的比賽越多，就越能適應比賽的壓力，有助降低在大考失常的風險。

　　再來，比賽得到的榮耀可以增強孩子的自信心。 特別是小朋友如果學習某項技能已經很長一段時間時，更需要這些「正向回饋」才有動力持續下去，家長也要適當地給予一些獎勵。

　　如果孩子比賽沒有得名，家長要多給予安慰與鼓勵，**千萬不要因為沒得名次而責備他**，這樣會造成反

效果，讓孩子更不願意參加比賽，甚至半途而廢，失去參加比賽的原意。

此外，**也不要強迫孩子參加他們不想參加的比賽**，應該是「鼓勵」而非「強迫」參加。如果孩子排斥某項比賽，參賽表現肯定不會太好，也會讓親子關係緊張，得不償失。

10. 注意孩子的健康

最後則要提醒家長注意孩子的健康狀況。雖然大部分孩子都能健康成長，但還是有少部分人會面臨一些狀況。健康問題可能會影響孩子的終生幸福，家長必須特別留意。

首先是「兒童發展遲緩」的部分，當然情況嚴重的個案在幼童時期就會被察覺，但較輕微的未必能被早期發現。**如果孩子身高、體重一直落在班上末段，或是學習能力、認知功能明顯比同學差時，最好還是找專家諮詢。**

這邊的「專家」是指小兒科醫師、精神（身心）科醫師、兒童復健科醫師、諮商心理師、臨床心理師、學校輔導教師、職能治療師，以及語言治療師

等。

　　至於街頭巷弄鄰居朋友提供的「偏方」或「祕方」則不要輕易嘗試，因為來路不明的藥物可能含有重金屬或是傷腎的成分，孩子吃了健康狀況可能更糟。

　　除了發展遲緩外，「性早熟」也是需要留意的。性早熟指的是女生在 8 歲、男生在 9 歲前出現第二性徵，例如女生乳房開始發育、陰毛生長，或男生開始變聲、陰莖增大等徵象。有性早熟的孩童，「骨齡」也會比一般人大，可能會導致生長板過早閉合、身高過矮的情形，建議找兒童內分泌科醫師諮詢。

　　除了身體發育問題，心理層面也可能有狀況。兒童常見疾病有「注意力不足過動症」（Attention Deficit Hyperactivity Disorder）以及「自閉症」（Autistic Spectrum Disorder）等。前者常見的症狀包括無法注意細節、無法聆聽別人說話、無法維持注意力（注意力不足亞型）或是無法安靜坐在座位上、身體扭來扭去、經常不間斷地說話（過動亞型）。後者常見症狀有顯著社交障礙、侷限且重複的行為或活動（例如強烈依戀不尋常的物品）。

　　想對這些疾病有更多認識，可參考「臺灣兒童青少

年精神醫學會」網站（www.tscap.org.tw/TW/NewsColumn/ugC_News.asp）。

　　到了青少年時期，由於身心劇變，加上課業壓力漸趨繁重，很多人會有適應上的問題。而青少年時期也是精神疾病第一波好發期，包括憂鬱、躁鬱症、厭食症、思覺失調症等等。

　　如果孩子有出現幻視、幻聽、對任何事情提不起勁、體重暴增或暴瘦、甚至出現自殺、自殘意念者，請協助孩子就醫。**特別是本身有家族病史者，應更加注意孩子是否出現類似情形**，千萬不要為了名譽問題而延誤就醫，拖越久只會讓情況更糟。

　　另外，家長也應避免給孩子太大的壓力，特別是當孩子已經處於情緒低落的狀態時。**當壓力超過臨界點，孩子可能會出現逃避、憤怒、或甚至撒謊來回應這股壓力。**

　　一個有名的案例發生在 2015 年，當時南韓媒體大幅報導一名就讀美國明星高中——湯瑪斯・傑佛遜科技中學（Thomas Jefferson High School for Science and Technology）的天才韓裔少女，她同時被美國兩大頂尖名校——哈佛大學及史丹佛大學錄取，且兩校為了爭取她入學，破例同意她在哈佛、史丹佛各讀 2 年，

FaceBook 創辦人馬克・祖克柏（Mark Zuckerberg）
更打電話試圖說服她選擇哈佛大學就讀。

這在學歷至上的南韓刮起一陣旋風，各大媒體更
是爭相報導。結果後來美國《華盛頓郵報》揭露這全
是一場騙局，是該名少女自導自演，並用偽造的入學
許可等文件成功騙過父母與南韓媒體，最後逼得少女
父母出面道歉。

一個為滿足父母期望而撒的謊，最後卻演變成一齣
全世界都知道的鬧劇，這大概是少女當初始料未及的。

新課綱上路也不怕！臺大醫科、哈佛畢業生獨家傳授，高效讀書法＋活用筆記術／曾文哲 著－初版 .
－臺北市：時報文化，2019.12；面；14.8✕21 公分 . --（LEARN：047）
ISBN 978-957-13-8033-9（平裝）

1. 學習方法 2. 讀書法 3. 筆記法

521.1   108019244

ISBN 978-957-13-8033-9
Printed in Taiwan.

LEARN 047

新課綱上路也不怕！臺大醫科、哈佛畢業生獨家傳授，高效讀書法＋活用筆記術

作者 曾文哲｜**主編** 陳信宏｜**副主編** 尹蘊雯｜**執行企畫** 吳美瑤｜**美術設計** FE設計｜**內頁排版** 極翔企業有限公司｜**董事長** 趙政岷｜**出版者** 時報文化出版企業股份有限公司　108019臺北市和平西路三段240 號 3 樓　發行專線—（02）2306-6842　讀者服務專線—0800-231-705・（02）2304-7103　讀者服務傳真—（02）2304-6858　郵撥—19344724 時報文化出版公司　信箱—10899臺北華江橋郵局第99信箱　時報悅讀網—www.readingtimes.com.tw　電子郵件信箱—newlife@readingtimes.com.tw　時報出版愛讀者—www.facebook.com/readingtimes.2 ｜**法律顧問** 理律法律事務所　陳長文律師、李念祖律師｜**印刷** 勁達印刷有限公司｜**初版一刷** 2019年12月20日｜**初版十刷** 2023年5月25日｜**定價** 新臺幣 350元｜（缺頁或破損的書，請寄回更換）

時報文化出版公司成立於1975年，1999年股票上櫃公開發行，2008年脫離中時集團非屬旺中，以「尊重智慧與創意的文化事業」為信念。